DIAGRAM-SIDE OUT

Takashi Yamaguchi

What is architecture?

Subject / Object

Contents

6	Preface	166	Program + Agent
17	Introduction		25.Breathing Factory
	01.Void Centers		26.Garden Project
	02.Cyberspace as Reference Space		27.S Building. Renovation
38	Volume + Network		28.Parametric Fragments
	03.Glass Temple		29.House in Sotogrande
	04.White Temple		30.Pärnu Park Terminal
	05.Metal Office		31.S Hotel
	06.Silent Office		32.The Rainbow Library
	07.House in Ise		33.Tea House
	08.K House		34.Bus Terminal
	09.Underground Temple	248	Robot × Body × Brain
	10.Water Temple		35.Eco Robot City
	11.Memorial Space		36.Green Cell
	12.Sky Temple		37.Koshimo+
	13.Light Temple	276	Profile
	14.Glass Teahouse	280	TY&A + TYMDL
	15.STERNBRAUEREI	288	Credit
	16.Parasite:Paresite		
	17.WTC re-building Project		
	18.Fuse Figure		
	19.Accelerating The Footprint		
	20.Racing Fluid Forms		
	21.Skyscraper -shinagawa-		
	22.Green Cell Park		
	23.Diagonal Tubes		
	24.Piling up the Green Cuboids		

Preface

批評性の漂流

この書は、作品集と同時に、私の思考や活動の軌跡でもあり、自身の思考や活動を客観的に見つめ直したものである。

今から考えると、私の建築のキャリアは不思議なものであった。京大では恩師加藤邦男から建築論を学び、歴史や哲学の中での建築の位置づけの重要性を知った。建築の師である安藤忠雄からは建築を存在させるための厳格なる強い意志が注入された。そして、コロンビア大学の友人達との交流やピーター・アイゼンマンの思考との接点が私の思考をより広がりのあるものにしてくれた。とりわけ、アイゼンマンの影響は大きいと言ってよいだろう。

この本は、それを象徴するかのように、コロンビア大学出身の建築理論家たちとの交流を出発点としたベルリン・シュプレーボーゲンコンペ案から始まる。

西欧の建築は、機能的で美しい建物をいかにつくるかという日本人の意識とは大きく異なり、社会は絶えず改変されるべきものと捉えており、過去と決別し、未来に向かって挑戦することが、創造する者に求められている。こうした過去に対抗しようとする挑戦そのものが、新しいアイデアを生み出し、それが新しいテクノロジーを切り開いてきたのである。たとえば、ルネサンスを象徴するサンタ・マリア・デル・フィオーレ大聖堂のクーポラがそうである。ブルネレスキが完成したものであるが、それはまさしく不可能とも思えたものに対する挑戦であった。既存のテクノロジーでつくられたのではなく、二重壁や足場などの新しい工法、起重機などの新しい工具の発明がなされた上でつくられたものであった。それは新しいテクノロジーを生み出したのである。

それに対し、日本の状況は、かなり特異な様相を呈している。未来へ向かって挑戦する批評態度が希薄で、矮小化された非常に個人的なものに耽溺してしまっているのである。そのため、個人がコツコツと既存の技術や移転した技術を極めるのは得意であるが、壮大な夢に向かって新しいテクノロジーを切り開いていくというような社会に負荷のかかる挑戦はしない。

西欧では、過去の慣習的な意識が人間を抑圧するものとして認識され、人間を抑圧するものから解放しなければならないという問題意識を前提としている。その結果、西欧の建築は批評性をどのように孕むのかが重要なテーマとなっている。そうした視点に立つならば、壮大なプロジェクトが生み出され、幾つかのイズムが生まれていった歴史の流れは理解できるであろう。日本文化は精度のレベルは高いが、批評意識は無い。そもそも、日本には抑圧という意識自体が存在しない。

西欧において、抑圧への戦いは社会システムに宿命的なものとして位置づけられる。ローマ帝国期のキリスト教の担い手は、弱者を中心とした下層階級が中心であった。当時の上層階級はギリシア時代からの自由主義思考を継承していた。清貧なキリスト教徒からは、裕福な上層階級が退廃そのものとも映り、自分たちを抑圧している既存の社会を攻撃したのが、キリスト教布教の歴史であったとも言える。キリスト教世界は、そうした社会からの抑圧への攻撃を前提としているのである。さらにキリスト教は、自由主義思考を倒すための装置として作用していく。その結果、自由主義的なエネルギーは、それ

に封じ込められることなく、自由を求め、逆に、自らを攻撃する神からの抑圧に反撃するのである。科学への志向である。すなわち、西欧社会内部には、神からの抑圧に挑む戦いのシステムをも孕むことになる。ここに、西欧は、ギリシア的自由主義思考という異分子を内部にもつがゆえに、二重の抑圧への戦いの歴史を開始するのである。この二重の戦いこそが、西欧に特有なものである。抑圧への戦いは批評意識を生み出した。こうした批評意識は西欧の成立基盤であるがゆえに根深いものがある。

日本の建築は、伝統的に、こうした社会や神への抑圧に対する戦いという批評意識が存在しない。明治期にその意識の片鱗は導入されたが、抑圧からの解放への強いモチベーションはもともと存在しないため、西欧と比べると中途半端なものに留まり、批評性の不在を露呈し続けてきたとも言える。日本は西欧と対峙するにあたって、こうした弱点を隠蔽するために、以前は、日本文化の独自性を唱え、ジャポニズムに見られるような日本の固有性で身を守り、抑圧に対する意識が基礎となる批評性をもつ西欧とは距離を取り、リンクすることを拒み続けた。結果、日本の建築は、匠の技を持ち、極めてはいるが、批評意識のない、個々バラバラに閉じた私小説的存在となった。

豊穣ではあるが、歴史を切り開いていく世界とリンクしない不思議な存在となり、歴史を牽引することもなく、西欧の思考を刺激する単なる素材という存在の位置に甘んじた。ただ西欧を刺激するということだけが日本の優秀性を意識するのみ。この現象は建築だけでなく、絵画、ファッション、デザイン、映画、アニメという文化のみならず、産業、政治、経済などのあらゆる分野に渡って現在に至っている。

こうして、日本は批評性が閉じられた世界にいる。世界が対処しなければならない問題に挑戦する意識からは日本は離れているのである。

ピーター・アイゼンマンの思考との出会い
1988年、アイゼンマンと安藤忠雄の弟子たちの建築家からなり、メンバーが離れて存在するテレコミュニケーションによって建築デザインをおこなうインターナショナルな理論研究グループを結成した。そのグループはARXと呼ばれた。正式名称は、造語であるARchiteXture (ARX)。Architecture、texture、textの言葉からなり、建築は言葉であり、グローバルネットワークに展開する織物であるという、ARX自身の概念を表出するものであった。

この名称に関わるアイゼンマン流の言葉遊びからわかるように、われわれはアイゼンマン・チルドレンであった。

コンペ案のコンセプトはアイゼンマンの建築の考え方から影響を受けている。場所性を抽象化し、モチベーションをもつインデックス化された記号として、建築のinteriorityへと連続させるものであった。すなわち場所性を情緒的な景観から離脱させ、建築の形象へと向かう幾何学へと転換するのである。こうしたアイゼンマンがおこなう抽象的デヴァイスの使用は、常にブラックボックス化された直観的アプローチをおこない、閉じた系の中にいる日本の建築家たちの方向とは真逆であった。当時、われわれは、西欧世界と日本との思考の差異について議論し、日本の問題点を発見していた。この問題は現在

でも変わっていない。孤立と閉塞性は日本の特質であり、克服するべき問題でもある。

このコンペ案が入賞したという輝かしい栄誉よりも、このコンペに対処したわれわれの行為に、重要な意味をいち早く潜ませていたことに意義がある。それは、記名性の問題とsubject-objectの問題である。それは突き詰めれば現代の建築家が直面する問題であった。

アイゼンマンの思考との出会いは、私にとって重要であった。ある意味、批評性という西欧世界の正統とも言うべき建築の知的なアプローチは、当時、日本にいる私にとって非常に衝撃的であったことを憶えている。

ここで、アイゼンマンの思考における重要なポイントを挙げておく必要があろう。アイゼンマンは建築に内在するダイアグラムこそ建築の創造的な起源であるとする。アイゼンマンは、建築からコンベンショナルなイメージを排除し、イコノグラフィックな汚染を受けずに、形態を記号として操作しようとした。純粋な建築を求め、抽象的な形式上の問題だけを扱う。原理を追求し、視覚的な建築言語を推敲しようとしたことは周知のとおりである。しかし、アイゼンマンはそうした原理を外部化しようとはしなかったことに特徴があることは、ほとんど理解されていない。類型などに見られるように、外部化された原理が抑圧を引き起こすという弊害を有していることを嫌悪し、建築に内在化されたものとして読み取られることを望んだのである。さらに、アイゼンマンは、subject（主体）の問題を射程に入れていた。

西欧の伝統的な思考態度は、二項対立という枠組みの中にあり、必ずsubject（主体）とobject（客体）は区分されており、外部化された原理はsubject（主体）の外にあるべきとされてきた。さらに、アイゼンマンは、ダイアグラムは欲望するsubject（主体）の表現ではなく、以前に何か形のないものとして建築の外部から来なければならないものであるとする。特定のサイトに、プログラムに、または歴史におけるanteriorityから来なければならないとする。それは、既に存在するものをぼやけさせ、暴きながら、他の形象として現れるために、既に刻印されたものの原因となる。
ダイアグラムは、生成力と形成力のあるキャパシティーを制限しようとする抑圧から解放し、建築のanteriorityとsubjectの両方の内部で構成される抑圧からも解放するものであるとする。
アイゼンマンは、自身の問題設定のために、ダイアグラムをobjectの中にinteriorityとして沈めることでsubjectとobjectとの分離を否定しようとしている。それは、まるで作家というsubject自身を分有するobjectとも言える。そうしたsubjectを分有するobjectに建築のinteriorityが内包され、そのobjectが連続して継起することにおいて、歴史に沈殿する建築のanteriorityを現出させることができるとアイゼンマンは考えるのである。

アイゼンマンは、ジュゼッペ・テラーニのカサデルファッショから、明快な分節が困難である不完全性が建築の内部に孕んでいることを読み取り、全体性は部分の論理と一致していないことを発見した。その発見は、その後のアイゼンマンの建築生成の方向性を決定したのである。全体性を完結させること

の不可能性の発見は彼の客観性を求める方向に変化を与えた。言い換えれば、アイゼンマンは現代建築がそうした困難性に直面していることを理解したとも言える。部分と全体との統合の不可能性、そしてsubjectとobjectとの区別をすることの不可能性を肯定することが、モダニズムを乗り越えるために重要であると認識するのである。こうした状況を乗り越えるために、ロバート・ヴェンチューリが唱えた素朴で単純なマニフェスト、すなわち「任意で、直観的で、不合理、または複雑なものから生み出されなければならない」へと向かおうとはしなかったのは賢明であった。そうした迂回した立場を取らなかったことが、近代の建築の重要な問題を炙り出したのであった。

アイゼンマンはこうした記号論をもって、モダニズムや古典主義における制作に対して、その代替案を提示する。すなわちsubjectの位置をずらそうとするのである。こうした試みによって、彼の作品は従来の作品という概念から捩じれ、崩れたところに位置するものとなる。こうした「解体」という試みは、調停されるべき両者の構造の関係の違いを暴露させることによって、あたかもそうした構造を乗り越えたかのように振る舞っただけであった。残念なことに、歴史の流れを迂回させ、混乱させてしまったことも事実である。

ラファエル・モネオは、こうしたアイゼンマンの立場、すなわち「作品」以外に「解体」というプロセスという異なる要素を制作の中に取り入れなければならなくなった彼のジレンマを次のように語っている。「アイゼンマンは、このポジションにいる限り、作品以外に解体というプロセスを常に用意しなければならなくなってしまった。建築は、解体というプロセスと成立不可能な作品とに乖離し、建築の存在を一層不明瞭なものとするのである」。しかし、この解釈は、作品を従来の概念に限ったために起こる理解であったと言える。アイゼンマンの現代建築に与えた功績を認めねばならない。建築が多様な力を受け、古典的な全体形式が崩れ始めていることを、形式の純粋性を求める中で明らかにしたことを。

建築が、常に完全性を破る「解体」プロセスと、宙吊り状態の成立不可能なobject「作品」とに乖離したとモネオの眼に映ったことは、まさに、subjectとobjectの分離不可分であるとアイゼンマンが認識したことの現れなのである。分断されたsubjectとobjectとの狭間に漂うかたちで、subjectの立ち位置を垣間見せたのである。それは、subject - objectという完全形式の破れを認識しているがゆえの行為であった。

解体というプロセスは、完全性を求めるがゆえの、完全性の破れを補填しようとする態度である。しかし、こうした解体というダイナミックな運動性をもつプロセスは、そもそも完全性の外部にあるものである。解体によって完全性が崩れ、さらに新たな完全性が成立する。解体というプロセスそのものが完全性を保有しようとする思考に内包されているため、永遠に解体し続けなければならない。アイゼンマンはそうした西欧的思考の枠組みから逸脱する自身の立ち位置を決定する。アイゼンマンとジャック・デリダとの意識の差である。そのため、モネオが言うように、object（作品）がその狭間にあって成立困難な状況に置かれてしまったのである。彼の作品の問題は、完全性と背反する解体というプロセスとの同居にあると言ってよいだろう。しかし、最も重要な事は、完全性を超越するために、解体という二項対立を越えようとしたことにある。解体をさらに推し進めて、完全性自体を解体する方向への示唆

を与えたのである。このことは建築が固定化され得ないうつろいゆく存在であることを示したとも言える。古典的な思考であるモニュメンタルな永遠性を、抑圧するものとして捉えており、アイゼンマンはそれを否定するのである。そのため、彼はダイアグラムを外部化しなかった。しかし、それでもアイゼンマンは、完全性を求めようとする古典的な立場にいようとする。すなわち、object（作品）を宙吊り状態の成立不可能な状況に置こうとしたといえども、object（作品）に内在するダイアグラムにinteriorityを読み取らせようとしたsubject（主体）の意志そのものが、subject（主体）の優位性を温存させることを意味するからである。このことは西欧の伝統的思考の裏返しであったとも言える。ここにアイゼンマンの限界があった。

私の建築の探求は、アイゼンマンが突き詰めようとした問題意識から始まっている。それは二つの異なる方向のアプローチによって進められてきた。「建築は如何に存在するか」という問いと、「建築とは何か」という二つの問いである。すなわち、建築設計における外在的アプローチと内在的アプローチから成り立つ。具体的には、テクトニックの視点から見たプログラムによる建築構成に関する研究である。全体性と部分性との問題に触れ、場所性と機能性の対立といった外部性や内部性の問題を考察することで、建築存在のあり方を探求している。ダイアグラムやアルゴリズミックな形態生成プログラムなどの設計プロセスを古典的な設計プロセスと対比させながら、プログラムに孕む問題も検証してきた。具体的には、外在的アプローチをおこなうプログラム派と、内在的アプローチをおこなうイデア派という二つの立場に立って、形象化されたプロジェクトについて、空間性や人間性、社会性などとの矛盾・対立・差異などを分析し、過去の理論を読解することだった。そこから、形式的・組織的な関係性を理解したうえで、新たな可能性へと導く生成の原理を見つけ出し、建築の形象化に応用していくことを求めてきた。プラトン、アリストテレスから現代に至るまでの建築論や空間論の歴史的変遷を概観し、現代建築を方向づけている示唆的な建築論の読解をおこなってきた。歴史的・空間的にその理論の妥当性を検証しながら、そうした理論に基づき、建築の形象として視覚化することによって、新たな方向性を探ってきた。

モダニズムが抱えた問題
モダニズムが抱えた問題は、西欧の思考自身が内部にもつ問題である。すなわち近代の建築の生成において、近代の限定的解決には、抑圧され取りこぼされたもの、捨象された様々なベクトルが存在していたからである。
こうしたものを汲み上げようとしたのが、アイゼンマンやレム・コールハスであった。
モダニズムが瓦解し、ポストモダニズムの喧噪が過ぎ去った後、建築の批評性は、内部化と外部化に二分されたかのようである。すなわち、アイゼンマンやジェフリー・キプニスの批評性を建築の内部へと向かわせようとする姿勢と、コールハスによる西欧の伝統的批評性のあり方を否定した、いわば外部化する二つの方向とに分けられるものと思われる。

アイゼンマンの建築から読み取れるのは、完全性・全体性・統合性の破れの修復である。アイゼンマンは建築の内部性を強く

信じ、永遠なる原理を追求するという西欧の伝統的枠組みを維持しようとする。逆にコールハースは、もう一つの西欧の伝統的枠組みを継承する。それは不可視な実体というものを認めない考え方であり、多くのものを可視化させ、新たな実体として拡張することである。原理によって成立する内部性に対しては、不可視なものとして黙殺し、その実体を認めない態度を取る。彼は、建築を反転させるのである。可視的な建築形態に囚われるのではなく、建築が孕むべき不可視な情報を、表に出すために視覚化させるのである。すなわち建築に内部化されるべく、情報を反転させ、外部化させることによって、情報や条件を明らかにし、関係式として可視化させ、実体化させ、整理し操作をおこなう。コールハースのダイアグラムはそうしたものとして現れる。それをさらに、空間へと反転させることで、タンジブルな建築のエレメントへと変換させ、建築として成立させるという二重の転換をおこなうのである。いわば反転の手法である。

コールハースにとって建築はもはや、内在する原理により成立する形式ではない。実体として存在する条件や情報の現れそのものなのである。そうした態度によって、西欧の伝統的で硬直した思考から抜け出そうとしたのである。コールハースが不可視の情報を可視化させタンジブルな建築のエレメントへと転換させたことは、西欧の伝統である、実体化の領域の拡張であったとも言える。

建築は統合そのもので、調和のもとに全てをコントロールするものとされていた。神が世界を創造した論理、すなわち宇宙を支配する論理である極大と極小の世界の連続性が求められ、建築は数比理論による古典的な調和概念で整理することが当然であると信じられてきた。それは一神教世界のドクサとも言えるものである。しかし、今日、ギリシア時代以来の西欧の建築の歴史的意識とも言える内的論理による調和を求める意識そのものが崩れはじめ、新たな構築のあり方が探し求められている。

コールハースは、アイゼンマンのように、形態や形式の記号論的操作はおこなわず、機能等の関係性を読み取り、実体化された情報の操作だけをおこなうのである。すなわち、形象化という反転によって、建築という場にうごめく諸力の関係性を示し、objectの操作をおこなうことで、純粋な内的完結性や全体的秩序を求める原理による建築空間の生成の無意味性を示したのである。すなわち排除されるものを汲み上げることを目的として、関連する多くのデータを扱い、分析し、プログラムに積極的に関わろうとするのである。そのことは西欧の伝統的な統合性、すなわち美やハーモニーという伝統的な意識の解体でもあった。皮肉にも、それらのヒントは日本の現代建築にあった。これは日本人自身によって気がつくべきものであったが、残念ながらコールハースによって見出されてしまった。社会的な欲望を、モダニズムの基本的な枠組みに異常なまでに執着し、絶妙に結実させていた日本の建築はコールハースにとって奇異なものに映ったのであった。全体的秩序を求めてきた西欧的思考を皮肉な意味で日本の建築は超えていた。それは西欧の統合性の意識とは異なる意識が存在していたからである。すなわち社会の過剰な欲望によって建築を構築させることを、日本は徹底的に極めることを追求していたからである。それは伝統的な西欧の思考の枠組み

を超える、新たな建築の世界を生み出す可能性を孕んでいた。あらゆる活動のデータを空間に変換するプログラムを日本人は無意識におこなっていたのである。

しかし、日本人自身は気がつかなかった。見出したのはコールハースであった。黙々と極めるだけの日本の態度には、歴史にコミットする批評精神が存在しないからである。こうしたことは、モダニズムにおける柱梁構造についても言える。ゴットフリート・ゼンパーが示唆したように、柱梁構造は日本建築に代表されるように、アジア地域の建築の原型であった。ラーメン構造という構造力学上の発見以前に、その構造様式が既に存在していたのである。そのことに日本の建築家がいち早く気づくべきであった。しかし気づいたのは西欧であった。このように、日本建築は彼らに刺激を与える素材にしか過ぎなかったのである。

コールハースは、日本がおこなっていたように、社会の欲望を肯定し、建築へと導く手法を成立させることで、西欧の建築の歴史に新しい概念を接木したのである。
コールハースの建築に対して、ケネス・フランプトンは否定的な見方をしているが、フランプトンは、コールハースが古典的な意識を捨てて、新たな意識へと向かっていることに気がついていない。新たな意識とは、建築家による統合的イデアが、全体を織り成すシステムに乗っ取られていく意識である。建築の古典的な考えが織物的な新しい考え方に乗っ取られていく。イデアから演繹的に導き出されるのではなく、ユニットが増殖し、拡がり、力が周辺に流れていくように絡み合うティッシュ（生体組織）のように生成されるマシニックな意識である。こ

れこそ、まさに日本的な意識であった。エレメントとエレメントの関係のみ、その近傍に流れる部分的な時間の流れが、予測不可能な全体をボトムアップ的に形成していくものである。それは、ニュートン的なものではなく、ゲーテ的なものであり、ボトムアップ的なプログラムの存在を認め、モノとモノとの関係性、隣どうしの関係性、近傍、ローカリティを重視することである。また、この新しい意識は古典的な時間の意識とは異なる。すなわち不安定感を成立させる方程式を求め、永遠性を志向しない立場である。力は階層的に垂直に流れるのではなく、流動的に水平に流れる。建築は流動的な時間性を持ちながら生成されていくのである。それに対して、トップダウン的システムは全体が重視され、階層的であり、部分は全体との関係からつくられるメカニックな考え方である。

今日の問題は、建築の基盤が、複雑な人間活動のうごめく場に置かれてしまっているにも関わらず、建築自身が未だそのことを拒否していることである。
アイゼンマンの思考は、そうした状況に対応しようとするものであるが、いまだそうした立場にある。アイゼンマンは、純粋に建築自身を求めるという一神教的ユートピアを求め、現実から乖離していく。コールハースも、原理による統一を求めることを避け、人間が活動する場へとアーキテクチャーを開放させることを試みたが、それでも、残骸として制作主体としての地位を残している。それが彼らの限界かもしれない。そうした立場を発展的に継承するために、プログラム化された存在を、既存の建築に連続させることが必要と思われる。そうしたアーキテクチャー自身の欠陥を補完する存在が浮上する。それはエージェントとして機能するだけでなく、それ自身が

基本的なマザーとしての存在の可能性を開くものである。

非存在と存在の狭間には、何が横たわるのか。
無限の関係を内蔵し、力によって統一される個体のことを、ライプニッツはモナドと呼ぶ。
「可能世界」というあり得たかもしれない世界は、無限に考えることができる。その無限にあり得たかもしれない可能世界は、いまだ非存在である。この非存在が存在するためには、ライプニッツは「神の選択」によるしかないと考える。選択の根拠として「共可能性」を挙げ、最も多くのものたちが共可能的である度合いが実在の原理であるとする。無矛盾性、共可能性。あるものが自分以外のものと「共に可能である」こと。ある可能世界の成員が、自己矛盾しないというハードルを越えたあと、さらに自分以外の成員たちとできる限り矛盾が少なく適合的・共可能的であるとき、可能世界は神に選ばれて実在を許される。
可能世界は絶対的な神に選ばれて、その実在を許される。非存在であるものが存在するためには、静的に固定化されるのではなく、頂点までスクリーニングされることが求められているのである。そのことが神の領域に達する道であると考えられる。
このライプニッツの指摘は両義的な意味で、西欧の問題点を暴く。近代の産物、すなわち限定された選択肢の中からの決定、一つのsubjectのみによる超越性、操作可能性を重視するための限定的に抽象化された身体などは、そういう意味で、確かに共可能性に至らず不十分であるとして、批判されるべきであるとする方向が示される。しかし一方で、この「共可能性」という意識自体が西欧の伝統的な完全性を求める意識そのものであることも示される。部分と全体、極小と極大との一致という連続性以上に、複数主体間での無矛盾性、時系列の変化における完全性、系内外の完全性を求めているからである。

アイゼンマンによって示された「完全性の破れ」は、視点の立場さえ数多く獲得できれば、あとは演算処理能力の向上によって解決されるものであろうか。それとも、未だ見えない新たな問題が次に派生してくるのだろうか。私には、西欧の伝統的な思考形式自体に、こうした問題を引き起こす原因があるように思える。

西欧の歴史は実体化の領野の拡張であったと言える。たとえば、周知のとおり、デカルトの延長概念の功績は、空漠たる空間を物体に転換し得たことであった。コペルニクスによって、大地が空漠たる空虚に漂う事実は、当時の人々をいかに不安に陥れたか想像できる。そうした中、空間の延長概念は、空間を明快に誰にでも理解させるために生まれたものである。これによって、空間を物体と同様に計量化でき、把握することが可能となったのである。もはや空間は不可視なる非実体ではなく、可視的で認識可能な実体となって、実体の領域に新たに付け加えられるのである。ニュートンはさらに、計測という概念によって、経験量と直観量を結びつける。これによって、無限大の直観量も身体的な経験量と連続することが可能となり、不可視な無限量も操作可能となるのである。

こうしたデカルトとニュートンの手法は、不可視で理解できないものを、可視的で可触的な実体へと転換し連続させる思

考である。西欧的思考の枠組みが拡大する歴史は、このように不可視なものを次々と実体化させるという、実体化の領野の拡張をおこなってきた歴史とも言える。しかし、実体化はある視点での可視化である。ある意味、実体の偏った見方である。たとえばニュートンは、密度変化がなく、歪を持たない抽象的で均一な空間、絶対的空間を生み出すのだが、近代は、機能主義と相まって、社会の欲望の増大とパラレルにこうした均質空間を増大・拡張させていき、個々の身体を同一化し、部品化させる偏った考え方が一方で出現してくるのである。こうした過剰な世界観は、完全性を希求する西欧的意識から生じるものと私には思われる。

西欧の歴史的問題点は、完全性や調和を希求し、抑圧への戦いのために生じる偏りの歴史の連続とも言える。ゲーテの「ファウスト」に描かれるように、善と悪というキリスト教的二項対立に二分させることが逆に統合を希求し、救済されるというキリスト教の思考は、葛藤をエネルギーに変え、西欧社会を動かして来た。まさに西欧世界はこうしたエネルギーによって成立していると言っても過言ではない。われわれは、西欧的思考の枠組みに既に呑み込まれてしまっている。しかし、根底では大きく異なっており、われわれ日本人は、この矛盾の中にいるのである。

西欧的意識の大きな流れは、完全性を希求するがために破壊を繰り返していく。われわれは、常にこうした不変の「完全性の破れ」を乗り越える領野の拡大を永遠に続けなければならないのだろうか。次に出現する、実体化しなければならない不可視なものとは何なのだろうか。しかし、この疑問も西欧的枠組みの中にあると言ってもいいだろう。

アーキテクチャーという概念が西欧的枠組みに存在している限り、建築自身による世界との調和や自身の浄化の役割などそもそも困難なのかもしれない。建築自身が唯一の存在であることを敷衍させる立場から抜け出すことは不可能かもしれない。アーキテクチャーがそうした宿命を帯びた存在であることを認識した上で思考すべきである。アーキテクチャーの意識は全てをひとつの価値のもとにプログラムしようとするからである。こうした問題に対し、安易に伝統的な日本のアイデンティティを持ち出して逃げることなく、われわれは思考を紡ぎ出していかなければならない。

Introduction

未来に存在化させるデュナミス

設計で表現されるものは、その時点では存在しない。設計は今ここに存在するものを表現するものではない。設計は、存在を希求し、未来において存在することを確定させるものである。エネルゲイヤとしての存在へと向かわせるデュナミス。この非存在でありながら存在を希求するという行為には、歴史的に重要な問題が課されてきた。その問題とは、存在化に向けてのオーセンテシー（正統性）を表明することであった。それは、次の二つの表明を示す。すなわち、クローズドされた態度の表明をおこなうか、もしくは、オープンな態度を表明するかである。オープンな態度の表明は合意や意見の集約という手続きによって担保される。しかし、合意や意見の集約に関しては、全ての欲望の調停、要件の整理の処理が複雑であるため、全てに開かれ、存在へ向けて集約させていくものとして成立させるには多大な困難が生じる。したがって、こうした困難を回避するため、過去において、決定のオーセンテシーは、優れた統合能力を持った建築家という制作するsubject（主体）へと委ねられてきた。そのため建築家は全ての知の中心としての存在者であった。

近代の思考、すなわち均質で操作的で合理的な思考の端緒は、まさにこうした決定システムの前提に存在する。

建築においては、伝統的に制作する実体はsubject（主体）である。逆に、署名しない、記名しない、ということも、逆説的にsubject（主体）であることを仄めかす。建築は、これまで全てを統合してきた。神の啓示のごとく問題を解決するというイデア的アプローチである。それはsubject（主体）の精神の中で行われるアプローチであった。しかし、一人の建築家の知性にとっては、個々の人間がもつ個別的で多様な身体を考慮することは多大な労力を生み出す。そのため、操作の対象となる単純化された抽象的身体が生み出された。多様なベクトルは、建築家の一枚のスケッチによって整理され、他の要素は捨象されてしまう。それは、建築が統合という宿命を持っていたがために、しかたがないことだった。また計算不可能な要素が多く、処理できないため、そうした手法しか与えられていなかったとも言える。

こうしたブラックボックス的な決定システムから決別し、新たな決定システムを希求することを求め、作品の中に伝統的主体を挿入することを取りやめた事例が、1992年の「ベルリン・シュプレーボーゲンコンペ案」である。

このプロジェクトは伝統的主体の問題を炙り出す。

「ベルリン・シュプレーボーゲンコンペ案」では決定システムに着目した。議論の展開に多くの時間を割いた。そして、決定という事項は時間に委ねられた。こうしたプロセスは、重要な問題を発見させてくれた。

このコンペ案は複数主体間でのやりとりにおいて、設計するsubject（主体）を溶融しようとするものであった。俳諧連歌のように、個々の主体が相互にインスパイアされた結果、重ね合わされた複数のsubject（主体）の意識が全体を構築していくものである。こうした複数からなる独立したsubject（主体）の重なりの中で、西欧の伝統的主体を溶融させるプロセスである。個々の独立主体は批評をおこない、互いに重ね合わされる。次の独立主体は、そうした批評にインスパイアされ制作に向かう。批評という行為を積極的に制作プロセスに持ち込むものである。また硬直化した場所性のオーセンテシーからの離

脱を求めている。ここでは、外部性である場所性は抽象化され、建築生成のファクターとして抽出されている。そして建築の内部性へと連続させている。

この「ベルリン・シュプレーボーゲンコンペ案」のアイデアは、その後、subject（主体）の問題を進化させ、内部性と外部性の連続性の問題、さらにはローカリティの問題を生じさせた。1997年に発表した「参照空間としてのサイバースペース」のプロジェクトは、そうした問題意識から生まれたものである。タイトルにあるように、建築の生成を支える参照としてプログラムを位置づけている。

これまで建築の外部性としての場所性をいかに参照するかという試みがなされてきた。しかしそれらの多くは、ヴィジブルな景観性だけに囚われてきたと言える。「参照空間としてのサイバースペース」のプロジェクトは、建築の外部性と内部性とを取り結ぶものとして考えられたものである。決して自律的なアルゴリズムのみで建築を生成しようとするものではない。自律的なアルゴリズムのみで建築を生成しようとする手法は、建築内部に孕むプログラム自体によって、建築が生成されるという意識であるが、私の立場は、そうしたプログラム原理主義とは異なる。

建築はある場所に成立するものであり、必ずその場所をとり巻く外部環境が存在する。内的プログラムによって生成された建築であったとしても、場所性の影響を受けるのであり、内部性は外部性とどのように折り合いをつけるのかという問題が派生する。

伝統的に内部性によってつくられた建築は、デアテシスという場所の原理により、外部性との関係が問われてきた。

私は、建築の外部性と内部性を連続させたいと考えている。そういう意味では、場所性を重視していると言えるだろう。ただし、場所性をオーセンテシーなものと捉える立場とは異なる。これまで可視的な景観のみが重視されてきたが、それらは建築の新たな創造を支えることはできなかった。そこから得られた結果は、逆に新たな創造への抵抗であり続けたのである。なぜなら過去における沈殿物から拾い上げようとする意識は時間の向きが逆転しているため、本質的に、新たに生まれようとするものと連続できないからである。

私が考える場所性とは、緩やかな変化を受容するプロパティを超えて、よりダイナミックに壊変させるファクターである。それはちょうど加熱調理器に加える温度のようなものである。温度というファクターによって調理器内部の具材は大きく変化する。このような建築の創造の支えとなるファクターを探求しようとするものである。そのためには不可視なものを可視化させ、利用できる場所性としてのファクターを拡張しなければならない。そうしたファクターを抽出し、プログラムとして構築するものである。

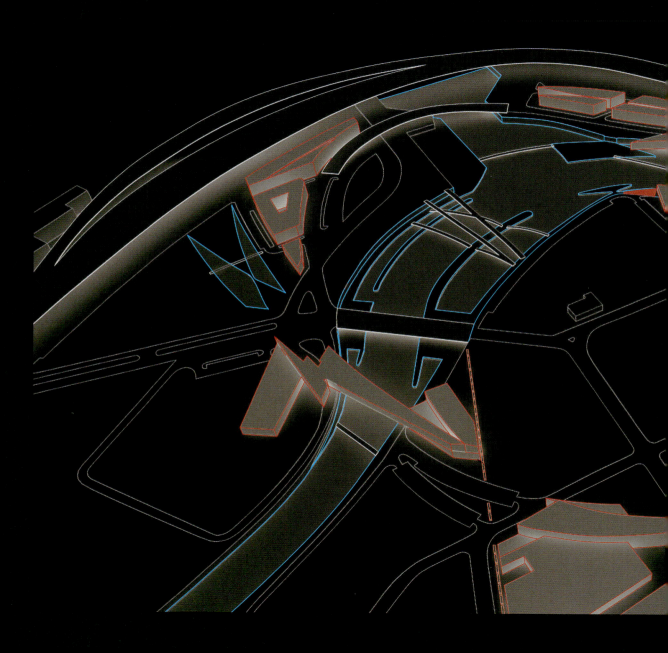

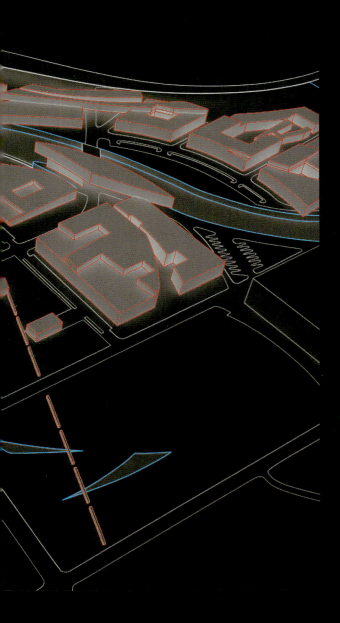

Void Centers

By ARX

Berlin, Germany, 1992

われわれは場所のポテンシャルを拾い上げ、シミュレートし、インヴィジブルな力場を浮かび上がらせることを試みた。
敷地周辺に存在する要素群は、この場を活性化させる不可視で象徴的な存在の多様性を構成している。40年ものあいだ国家を二つに分断していた壁、アルベルト・シュペーアのセナートのプロジェクト、あるいはシュプレー川の流路変更以前の姿といったインヴィジブルな存在は、具体的な空間の問題よりも、むしろメディアやシミュラークルに重きをおく現代の文化上の問題として考慮すべきである。

われわれは東西各々のグリッドを延長して干渉させた。その二つのグリッドは、統合後のベルリンで内発的な民主化の波が伝播していく姿が可視化するかのように重なり合う。さらに旧帝国議会によって実体化される既存の権力表象のグリッドと衝突する。この三つのグリッドは、新しい国家評議会が直面すると思われる潜在的ジオメトリーのパリンプセスト（重ね書きされた羊皮紙）とでも呼べるものを提出している。
18世紀におこなわれたシュプレーボーゲンでの流路の変更は、自然環境によってジオメトリーに中心を作り出す意図をもっていた。この「中心」という概念は、新しいドイツの、あるいはおそらくヨーロッパの中心を設定しようと試みるこのコンペのプログラムの趣旨へと関連してくる。すなわちこのコンペの意図はドイツの象徴的中心を再定義することを試みるわけである。しかしメディアやコミュニケーション等、われわれを取り巻く環境では複数の中心が成立し、ヨーロッパが多焦点システムとして自らを政治的に再編成しようとする脱中心化の時代に、そうしたプログラムがなされようとすることこそ問題と言える。すなわち断片化され、逸脱しようとする環境を再び中心化するこの企みは、パラドクスを孕んでいると思われる。

われわれはこのコンペのプログラムに隠された権力の明確な表象及び位置づけにも関わらず、やはり中心をエンプティ（空白）に留めることを宣言する。エンプティ、すなわち中心性を喪失した場。そこはあらゆるものを呑み込むことができる。その周囲に部分は散乱する。そこに権力は廃されるべきである。われわれが新たに提案する建築の布置は、自然の要素や既存の建造物と相互に呼応していくことで、民主的政治権力のプログラムを表象する開放系へと突入していく。その意味で有効な中心とは、プロセスに対し開放系としてあらゆる市民の具体的表現を待ち受け、そして民主国家の民衆から発散される空間を内包する空間である。

From: **Nuno Mateus**
We should meet in Portugal and decide most of the project in the week of September 21-27. Before and after this gathering we should continue our **fax** exchange system. I will send you what I know about the competition by **fax**.

From: **Nobuaki Ishimaru**
I will go to **Berlin** to visit the **site** of the competition. I expect to be able to send you some precise ideas once I am back in Japan.
For the early stages please send us the simple volumes, plans, and factors such as area, function, etc.

From: **Ishimaru**
Here are some competition "keyword" concepts listed at random:
1. What is the style of a parliament for the German people or the German government?
2. What is the position or structure of Germany when Europe and the world are changing every day?
3. How do we consider the **main axis** through the Brandenburg gate?
4. How do we consider the pre- World War2 city block of **Berlin**?

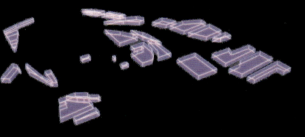

5. **How do we consider the Berlin Wall and its traces?**
6. How do we consider **nature** – the Spree and the Tiergarten – and **Second Nature**?
7. Why a new parliament in the **form**er West **Berlin**?
8. **Invisible borders**.
9. How do we think the confusion in Germany, especially between the East and West?
10. **Virtual reality versus reality**.
11. The limits of capitalism.
12. How do we consider the existing Kongresshalle and the **Reichstag**?
13. How do we consider the **site**'s situation in relation to the city of **Berlin** and to Germany?

From: **Frederic Levrat**
Even though we have discussed the difficulty of producing a "manifesto" that is not a **past**iche of the avant-garde movement from the beginning of this century, I submit this set of ideas as a general

frame for our **ARX** collaboration on the **Spreebogen** competition.
To freeze or lock ourselves into one position would not allow our research to evolve and develop new concepts and new projects. Since we attempt to incorporate – even live – our theory through **information exchange**, we cannot know the precise outcome of these researches other than to say that in order to produce new concepts and projects we must continue to experiment with the **information space** that floats above our different continents and cultures. Nevertheless, this is a good **form**ulation of my ideas for a starting point on the **Spreebogen** competition. It is also the basic framework I have been using for the **ARX** Portugal text **Second Nature**.

ARX Non-manifesto
Today the conflict (and the potential for positive production resultant from it) generated between in**form**ation **space**/physical **space**, media reality/experience, collective consciousness/personal thinking, and trained perception/haptic perception has reached a new level of development. This potential has always existed in some **form** – magic, religion, etc. – but our ability to produce, control, and free up an "in**form**ation environment" that would have a greater influence on our everyday life than the environment we experience directly has been limited by **technology**. These oppositions, which influence almost every facet of our everyday lives, shape the political, social, and economic organizations of the societies we **form**.
Architecture is supposed to organize the "tecton," to deal with a specific sense of **space** and time, but the signification and **representation** of a building are also important in the production of architecture. Architectural production is an expression (both **representation**al and material) that must take into consideration the condition of "multiple reality." If the primary concern of architects at the beginning of the century was man's domination over **nature** – achieved through mechanization, reproduction, and repetition – today the disappearance of the notion of homogeneous **space** and "real time" challenges architecture's very foundations.

If architecture is to remain something that can still be considered an art, it must deal precisely with the extension, dislocation, and fragmentation of our body and our mind. This can be achieved either by producing a certain jouissance of dislocation or by reenacting or reinscribing this multiplicity in a way that allows each individual to redefine his or her own singularity.

Architecture in its **present** and **future** applications must address these issues in ways that continue to allow the mind to exercise some control and that allow the body to find its specificity and dignity.

From: **Levrat**
On a completely different level here are some **Berlin** keywords in answer to Nobuaki's proposal.

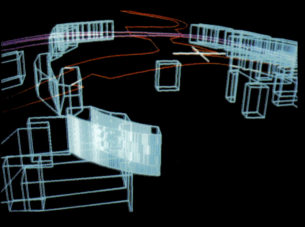

1. New capital of Germany; capital of Europe: a) multicenter system; b) heterogeneity.
2. Re**presentation** of power: a) East/West relationship; b) **second nature** power; c) **democracy**.
3. Re**presentation**/expression of conceptual presence: a) media power; b) **Berlin wall**; c) economic difference; d) massive destruction.
4. Relationship: a) **nature/artificial/second nature**; b) Spree/Tiergarten/Virtual Reality.
5. Relationship with urban megastructure: a) S-Bahn/U-Bahn/Highway; b) 17 des Juni/Kurfurstendamm; c) East/West centers.
6. The limit of capitalism in **democracy**.
7. Old capital building versus new building: a) **Reichstag**/new building; b) Bonn/**Berlin**.
8. Forms repertoire: a) **Straight axis** of Unter den Linden; b) Multiple curves of the Spree/S-Bahn; c) **Reichstag volume**/historical maps; d) "monuments" in a garden.

From: **Takashi Yamaguchi**
Concepts:
1. Keep the forest as the sacred precinct of the German myth.
2. To build a **representation** of power, the buildings should be underground.
3. Make the ground as receptacle, a gap.
4. **Push the void spaces into the homogeneous space**.

From: **Yamaguchi**
Melting the creator: Toward Decentralism. The only absolute during the Middle Ages in the West was God. God reigned over everything and was considered the absolute creator. During the Renaissance man assumed the role of creator. **ARX**, **Spreebogen** Competition entry, **Berlin**, 1992.

The Renaissance should have been a period of **deconstruct**ing centralism through a denial of the absolute referent, God. Instead, man assumed God's position as the absolute referent. Centralism was finally critiqued and displaced with the emergence of modern thinking. In the process of continuous modernization, the centered subject has melted and dispersed.

Yet, many architects still adhere to the centralism that belongs to the **past**:
they only pretend to make decisions, even though they know it is impossible for them to do so – architects as afterimages of the **past**.

The decision-making protocols of **ARX** group – the melted creators:
1. To communicate repeatedly with an accelerated, beyond-the-body speed; to melt the **form** between the components.
2. To shift from a coincidental to an imperfect view of mutual understanding; to encourage the productivity of difference and chance.
3. To express oneself through figures – improving the **object**ive view.

From: **Mateus**
We are getting close to a morphology. The **form** is derived from the superimposition of most of the **grid** and axial analyses we did while everybody was here, with a mechanism for understanding and deforming the curves of the Spree and the S-Bahn.

We are creating a new kind of elevated ground that does not bury too much of the buildings – to avoid the very German notion of bunker. The middle of the **site** remains empty, but the centers have been multiplied, i.e., erased. The new Spree, buildings, and grounds become a river-delta-like formation, full of little islands, water spots, and residual buildings. We enclose some rough sketches and **diagramoverlays**. Tomorrow we will **fax** an axonometric view.

From: **Ishimaru**
I think this competition addresser the notion of **nature**, **technology**,

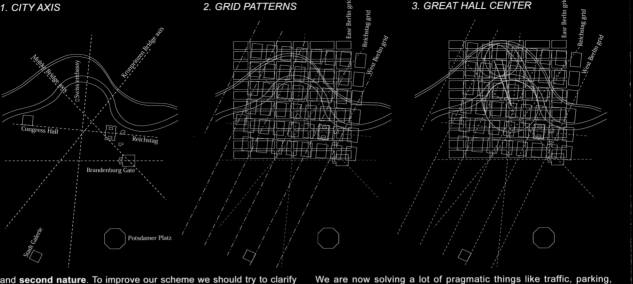

1. CITY AXIS   2. GRID PATTERNS   3. GREAT HALL CENTER

and **second nature**. To improve our scheme we should try to clarify this relationship. The presence of **nature** is more important than the non**representation** of power. But the center is too empty and weak. For example, the presence of existing elements should influence the newly proposed buildings.

We should keep the **trace** of the **wall** as a substitution for a natural element, such as a river. This would change a man-made **object** into a natural presence.

October 7, Kobe

From: **Mateus**
We agree with the need to recover the notion of the **wall** in terms of meaning and as a potential **form/space** generator. This is completely lacking in our scheme right now, and we understand this fault.

The idea of using the river and the S-Bahn lines came from an earlier work of mapping the immanent **grids** onto the **site**: the **grid** from East **Berlin**, the **grid** from West **Berlin** (Mies's gallery), the **grid** from the symbol of power (the **Reichstag**), and the **grid** of other strong curved elements (the **Reichstag**), and the **grid** of other strong curved elements (the Spree and the S-Bahn); admitting that they could be gridded identically, and by our invented mechanism, we **found another grid** (or a possible one). The result is an overlay of all the **grid**s. It was not meant in conceptual terms as a problem of hydrodynamics. I think hydrodynamics is a possible second, arbitrary text, but it doesn't import much meaning, as Nakanishi demonstrates in his **fax**.

We are now solving a lot of pragmatic things like traffic, parking, function distributions, etc. Next we will investigate the **wall** geometry and give it a very important role in this scheme. I think the idea of **nature**, **technology**, and **second nature** is very important. In this sense the Spree has to play a role. It is now a man-made curve. But it is **nature**; it becomes **second nature**. The absence of a center or symbol of power is important. **The main area will not read as empty**. It will read as absent. It will have a maze of **trace**s and **codes** of **past/present/future/history**. Symbolically, it is a weak power. The relationships expressed in Ishimaru's **section** are very good to push further the complexity.

From: **Levrat**
I like the idea of center in motion. The circle is definitively a center-based figure, as much as the **artificial perfect circle** of the **Spreebogen**. The way you destabilize it into a dynamic system of multiple centers is quite seductive. It is many things at once. It is a recognizable **form** but not really a "**form**" as such. It is multiple and specific at the same time. **The Reichstag leaves a void** of **already inscribed history** on its own **Spree curve** (the void north of the **Reichstag**).

I agree also with the discussion regarding the **wall**. The multiplicity of centers – related to the dissolution of the human being with media **technology** – is more important than a linear delimitation. Some minimal, secondary inscription can be found. I propose nevertheless a few comments:

October 8, New York

1. The volumes look as if they were vertically extruded. Could you

4. EVOLVING CENTERS

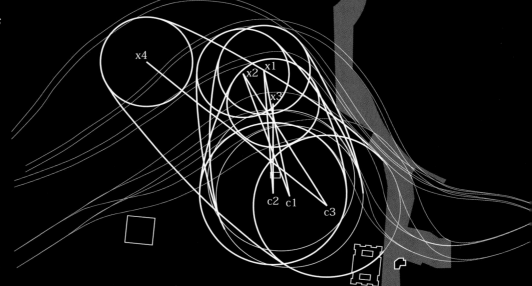

find a progression within your "circle figure" in **section**, starting from underground in front of the Bundesrat to emerge from the ground up to the Bundeskanzleramt.
2. I am not too fond of the Bundesrat volumes. They are too similar to the old **Reichstag** and not contaminated enough by the spinning volumes. If a **trace** of the footprint of the **Reichstag** survives in the Bundesrat configuration, that is sufficient. It should melt the park and then emerge from it. It also creates a clear dualism and dialectic between the two volumes.
3. In a similar way, the two blocks northwest of the **Reichstag** have their main facades abruptly cut. This negates the presence and power that the void **space** should have on them.
I quite like the rest of the scheme – the Pariser Platz and especially the Bundeskanzleramt. Good luck.

From: **Mateus**
I have now **traced** the **Berlin** Wall and neutral **spaces**- between **walls** -in the drawings. I have also tried possible **conceptualizations of the wall space**. It always seems to be making important something that maybe isn't so important. In the Middle Ages all cities had **walls** because the people inside the **wall** did not agree with the ones outside, so they wanted to protect themselves from invasions. In the ninth century most cities destroyed the **walls** of the Middle Ages to build the new romantic gardens and rich villas of the bourgeoisie. The **wall** became the new concept of **urban nature**. This is a good image for us to take into consideration.

We think the **wall space** should be an eroding element of the new thinking process. Perhaps in this area buildings should not touch the ground except for elevators and stairs. This would create a void the exact height of the **former wall**. It would be a free (belonging to nobody) **space**. The construction would go over it, linking the **form**er East and West **Berlin**s.

The history of the **future** is anchored to a new look at **site** and problem, a Look shaped by a new social, philosophical condition. History remains a **trace**, not an active thing. For example, Albert Speer's plan and the city fabric that preceded it are in a sense no different from the **wall** - none are actually there. Maybe **German scars** should be left alone and **kept as scars**. If we build the **wall** (or a version of it), do we kill the **wall** idea?
Our main idea is to import the wall as a trace, one trace of information in a vast number of traces. We also fear that of a lot of people are going to give too much emphasis to this problem, and thus it will not be good to make it into a fundamental statement. I think **nature/technology/second nature** is really the new concept.

From: **Yamaguchi**
Architecture is still based on the primitive idea of dividing a territory by surrounding it with **walls** and covering it with a roof. Moreover, construction itself symbolizes the **centralism** of this act and thus relates architecture to authority.

For example, as it is well known, Greek architecture began by making a foundation, then standing columns on it and adding a pediment. Construction in this manner has continued throughout the history of architecture and has reinforced the centralism of architecture.

The values and concepts of order and unity have intensified and justified centralized authority. Should we build in **Berlin** – where the **wall** between East and West was broken down –an architecture according to ancient concepts of order and unity? I doubt it.

The **Berlin** Wall was initially a geopolitical partition of districts, one that descended from the ancient sense of dividing ground. But with the advance of media **technology** this fact has been forgotten. Even the conflict between East and West has been melted by the spread of in**form**ation. The destruction of the **Berlin** Wall was symbolic of this idea. Our age is moving in the direction of a "**spreading**", in the direction of decentralism.

The proposition to investigate the dynamic of motion in urban planning is an interesting idea. The **invisible power** of the place is confused and the **site** is generated by the **potential energy** of a peripheral sphere; to create an '**emptiness**' through a peripheral sphere. **Emptiness** is defined as the place of absence, or the place where human reasoning cannot reach. The place where centralism is lost is the place where authority is deposed.

Our concept should be to simulate a peripheral sphere in order to create this **emptiness**. The new buildings will be arranged around this void, as if they had been scattered and pushed out by the power **present** in the **emptiness**. We need the **dynamic** of **scattering**.

We think it would be better to simulate the process not only in plan but also in **section**. For example, we can **overlap** the **skyline** of the **main axis** of East and West **Berlin**.

The mechanism of creating **form** from a plan of simulation is not strong enough. We do not think the **wall** should be discussed in the planning. The **wall** doesn't exist anymore, and thus doesn't generate any power as an **object**. If we consider the **wall** we would have to simulate the peripheral sphere in order to support the idea of existence of absence.

We would like to leave the **grid of the city** as it is. It will be better to revise the modern architecture and planning, rather than to deny it completely.

The simulation of the peripheral sphere can be then the **rule** of modification of the **grid**. In this way, the classical **grid** is melted.

From: Ishimaru
Yamaguchi and I discussed the project today. For me, your diagrams are interesting. Nevertheless we need to express our position in a clearer way.

1. To explain the concept of the **absence** of the **center**, we could reinforce the reading of the multiple centers with **trees** and **landscaping** to **exaggerate** its meaning.
2. Your **diagram** is of course two dimensional.
But we also need to find a three-dimensional structure of the city, such as a metaphor like the **3-D modification** of DNA in the making of albumen, which **affects** the **section** and the **elevations**.
The 2-D is the God's eye view.
3. A flow based on the notion of **past**, **present**, **future**, **nature**, **technology**, and **second nature** should be useful in explaining our project, even if we have not yet been able to express it correctly.
From: **Mateus**

We have here the "**wall**" of **faxes**. Most of your input into the project is incorporated in our design. The most difficult request to take into account is the **section**al problem, since all of our drawings are in plan. We have only one axonometric. There are no **elevations** or **section**s. We have to leave that for the model phase. The drawings are starting to look beautiful, but they still require a lot of work. Frederic, I need you to write a text. I wish you all were here physically, but in fact we are working as if you are here.

From: **Yamaguchi**
Creating the "**emptiness**" in the city. We introduce dynamism to

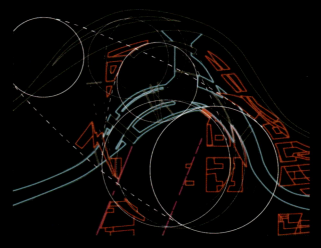

urban planning. This **site** is influenced by the **invisible power** of the place. We have tried to bring up the **potential energy** of the **site**, simulate it and generate a peripheral **space**. The texture of the ground inscribed by **nature** and **second nature** give a sort of direction to the **object**s.

This **ground texture** is projected onto the place as the **locus** by using the analogical technique of hydrodynamics. What is created by these techniques is nothing but the **trace**s copied from the atmosphere. The fragment leaves itself to its own dynamic and is set on the **locus**. We will extract two flowing guidelines from **nature** and **second nature**. Along these two gentle guidelines, the figure drawn by the **moving centers** will become a "**rule**" of urban planning, replacing the traditional **rule**s such as axis and **grid**. The new buildings are considered according to this **rule**: **correspondence between time** and **space**; **interchange of parts** and **whole**.

In the single-point perspective invented during the Renaissance, everything is concentrated to one viewpoint. Thus the parts were unified in the **whole**. In other words, everything was dominated by the absolute view of reason. Against this perspective view, we would like to create the "**un-perspective**" view, and to **deconstruct** the paradigm of the **relationship between subject** and **object** as the one to see and be seen.

During our examination we began to notice that it is appropriate to create an **emptiness**; a place of absence, the untreated area, and the place where the light of reason doesn't shine. **Emptiness** does not prescribe anything nor receive any logic of domination. The place where centralism lapses can accept everything. The parts are scattered around the void. Authority is deposed there.

We will try to make the **whole** through the fragments of many centers instead of making a single center that would symbolize an **enclosure**. The fragmented circles emerge from the **emptiness** as if scattered by the force. This is a creation of a new urban structure.

From: **Levrat**
Here is the text to include in the **presentation**.
VOID CENTERS
Building a new **representation** of political power for Germany in **Berlin** is not a subject without a multiplicity of historical significance. At a time when technological progress allows us to "re**present**" ourselves and "interact" in a multiplicity of places at a multiplicity of times - through television, video, radio, telephone, **fax**, etc. –the notion of a material **representation** of the location of power might seem superficial.
Our project attempts to deal with all the complex issues – physically inscribed in the ground as the Spree and the **Reichstag**- as well as a multiplicity of immaterial presences. Those immaterial presences – such as the proximity of a **wall** splitting a nation in two for 70 years, Albert Speer's Dome project expressing the immoderate ambition of the Nazi government, or the modified natural path of the Spree - are of the greatest importance to a culture that believes more in media and simulated **representation** than in an actual experience of **space**.

The **site** is not innocently chosen, and provides a starting point for the project. At the interface of what used to be the East and the West we have extended both **grid**s, one coming from the city historical center parallel to Unter den Linden and Friedreichstrasse, while the prewar embassy **grid** is extended through the park, respecting the exact module that was already exploited by Mies van der Rohe in his Stadt Gallery. The **grid**s **overlap**, producing a possible democratic influence on the resident of the reunified **Berlin** and colliding with the existing **representation** of **power embodied** by the **grid** of the **Reichstag**. The three **grid**s propose a palimpsest where potential geometries of the new Bundestag are to emerge.
The modification of the natural path of the **Spreebogen** was intended to provide a geometrical center where **nature** could become part of a greater city design. This notion of center, related to the specificity of the program that tries to define a new center for Germany – and maybe Europe –is also a typical romantic ideal of the **past**. The program tries to define a symbolic center for Germany at a time when media and communications complicate the possibility of producing a **center**, when politically, Europe is reconfiguring itself as a system operating on a multiple **center system**. Though this symbolic research for centralization in a fragmented environment seems paradoxical, a new concept of evolving center is today necessary:a nonstatic unity that expresses a recognizable **representation** of power; one that nevertheless accepts the center as a void, in the way, for example, that the new center of **Berlin** is the void of Tiergarten.

The park melts into the parliament structure, clearly confining a **space** but not limiting it with an **enclosure**. The game of centers allows the S Bahn and the Spree not to compete with but to redefine a system. A"**system**" in opposition to a geometric "**form**" is assimilated into our actual perception of an "**intellectualized perception**." A system does not require a specific scale or shape; rather it is a relationship of **form**s, where the proposed buildings' dialogue with the natural element and the existing construction become an open body that still r**epresent**s political power. The river can become many things, including a divider or a bridge between two or more shores.

Growing from the garden the system appears to have always existed. The **site** combines its function of intense activity with a potential void for the direct expression of the individual. We try to recreate a dignity of perception for the individual, a lieu where the body and the mind can find its power of true expression. In that respect the effective "center" is the void, waiting for and accepting the physical expression of any citizen in a democratic country.

From: **Mateus**
All the drawings are now on their way to **Berlin**. They all look very good. The same cannot be said about us without sleeping. It has been nice to be with you, so far but so close.

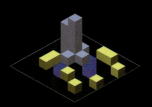 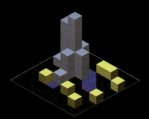 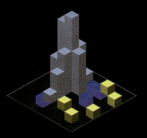

Cyberspace as Reference Space

1997

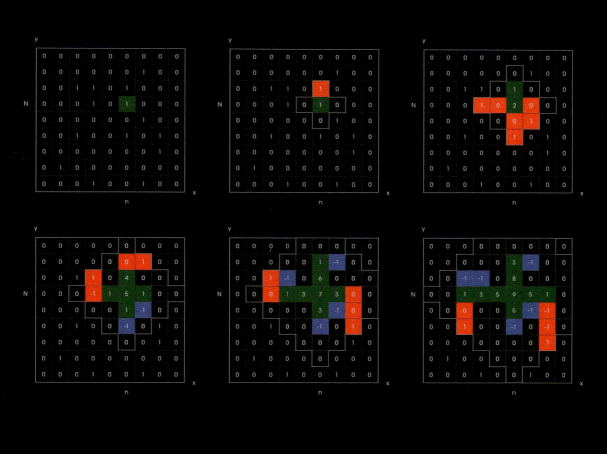

今や、電子メディアテクノロジーの著しい進歩はわれわれの存在基盤すらも侵犯しつつある。世界の認識、自己の定位、自己と他者との関係、こうしたすべての旧来の枠組みは解体されつつある。この変化は猛烈な勢いでわれわれの眼前に拡がろうとしている。混沌とした様相を見せつつある世界。この世界もまた異常な加速度で複雑性を帯びつつある。

こうした状況にあって、われわれには、新たな世界の認識と構築の手法が求められている。コンピュータ・テクノロジーの著しい発展は、現実世界の制度や規範に依存することのない仮想のモデルを提供することを可能にしつつある。

サイバースペースにおける情報空間の交換。アルゴリズムによる形態生成。関係性のヴィジュアライゼーションによる形態生成。こうしたメディアテクノロジーは現実世界の枠外において豊かな地平をつくりだすことを可能にする。すなわち、こうしたテクノロジーへの眼差しは現実という規範と制度を越え、世界を再構築する方向へと人々を向かわせるのだ。

仮想現実のプログラムからは新たな世界が形成され、世界を認識し、自らを定位するための現実の世界からの旧来の参照行為そのものを大きく揺さぶり続けていくだろう。それはとりもなおさず、現実空間との無関係な新しい空間が構築される可能性を意味する。言い換えれば、現実空間の中でしか存在し得なかった空間のあり方を解体していくのだ。

都市、建築において、それらを形成する意味、情報は沈殿と堆積の運動を繰り返し、時間の中に意味を、情報の地層として形成され続けてきた。すなわち現実の都市、建築空間は、それらが生成されるための意味、情報が保管、参照されるための容器であったとも言える。

メディアテクノロジーが異常なスピードで発達しつつあることを踏まえて考えるならば、現実の世界を書いた意思、より豊かな世界を再構築するために、そして現実の様々な呪縛から逃れるためにも、空間の生成情報を受容し、参照するための新たなるメモリー領域を用意することは重要なことのように思われる。

ここでは、空間の生成概念をプログラムとして表現する。さらにその情報を現実世界ではない別の領域に沈殿させることを射程に入れて、その可能性を探ってみたい。こうした領域に空間、形態の生成情報を格納し、参照する行為は、現実における建築空間の新しい形成と創出において、今後最も頻繁におこなわれると考えられる。

ここに、ひとつの仮想の空間構造の生成、壊変モデルの二つを提示する。これは、いわば異なる生成情報を孕む遺伝子が仮想の空間構造を崩していくかといったことを、壊変の強度の分析を視覚化して見せるものである。ここでは形態そのものではなく、形態を生成するプログラム自体が問題となる。

ここに描かれたいくつかの図象はそれらのプロセスのいくつかの可能性を視覚化したものである。たとえこうした試みが未だ単純なシミュレーションモデルであるという批判を受けるとしても、提起するにはそれなりの理由がある。これらいくつかの演算とランダム・ノイズにおいて、引き出される結果は抽象的な概念に他ならない。しかしこうした試みを別の文脈への変形作業のためのひとつのサンプルとして捉えるならば、それは有益な行為であるだろう。なぜなら、この脱構築的な変形作業に現実の都市建築の空間構造の理解のための条件が隠されていると思われるからだ。すなわちこれらの関係性を

現実の世界に引き戻し、両者の差異を見い出すことによって、現実世界に隠蔽された構造に組み込まれた意味を発掘、再現することこそが重要であると思われるからだ。

明らかにわれわれは文化的、社会的、経済的、政治的改変プロセスの真只中にある。それらの因子がほんの少し変形するにしても、系全体がもつ莫大なる潜在エネルギーよってそれが引き起こす結果は計り知れないものになるだろう。われわれの存在する系全体は莫大なエネルギーをもち流動し始めた。われわれはもう既にこのシステムが引き起こす恐るべき深淵に落ちてしまったのである。社会は以前のような緩やかに進む時代ではない。もはや建築家は建築概念の単体提示といった牧歌的な態度に留まることを許されないのだ。

デザインは外的形態ではなくそれらを生み出す内的論理、生成プログラムとして記述されるべきである。そしてそれらが、環境とどう調節され、既存の都市テクストといかに絡み合っていくか検討されなければならない。

こうした仮想のプログラムによる新しい試みは現実の都市建築空間の混沌とした姿を改変する莫大なエネルギーを秘めている。空間構成にこうしたアルゴリズムによる形態の生成プログラムを用いることは、現実を参照としてきた伝統的な手法から、電子テクノロジーが生み出す第二の現実からの参照という新たな手法への拡張であり転換である。

電子メディアを飛び交う情報量が臨界点を越え、われわれが莫大な演算処理能力を得たとき、本当の意味でのサイバースペースが誕生するであろう。情報処理をこうしたサイバースペースに委ねたとき、われわれの文明の飛躍は、さらにその速度を高めるに違いない。そのとき、生成情報の受容という機能はサイバースペースにおいてもおこなわれ、フィジカルなリアライゼーションというもっとも高度な営為はサイバースペースからの参照行為によって補強されるだろう。さらにサイバースペースにおいて保管、蓄積記憶された情報は、現実とサイバースペースとの相互の交流がおこなわれることによって力を得るのだろう。現実空間とサイバースペースとの相互における交換。現実の構造をそれとは異質のサイバースペースで生成された遺伝子情報を交配させるプロセスを経て今後、現実の都市、建築空間は生成されるに違いない。

こうした行為は、現実の都市、建築空間において、豊かで可能性のある世界を創出するのか、逆に今よりさらに混沌とした世界を導いてしまうのか私には分からない。ただ言えることは、メディアテクノロジーの是非を問い、否定することをいくら試みても、それでも時代はそうした方向に向かって前進しつつあるということだ。われわれがなすべきことは、そうした状況において何ができるかを模索することではないだろうか。時代の前進を停止させることは誰にもできないのだから。

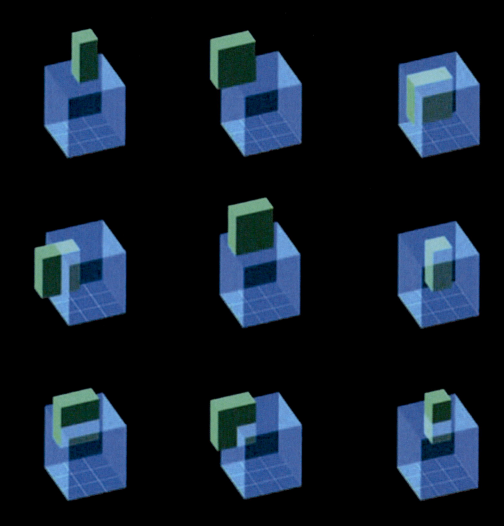

生成モデル

ヴォリュームが組み込まれた立方体をひとつのユニットとして設定する。
ユニット内におけるヴォリューム（ソリッド、ヴォイド）の基本的な位置関係は3×3の9つのマトリックスとして表現される。

各ユニットはマトリックスで表現された9つの規則的なパターンによって内部にソリッド、ヴォイドを孕んでいく。ソリッド、ヴォイドは次々と論理的な規則により生成されていく。
それぞれのソリッド、ヴォイドは互いに重合する可能性をもつ。ヴォイドを第二のマッスとして考えれば新たな空間の関係がそこに成立する。こうしたそれぞれのヴォリュームに対し演算操作をおこなう。
ユニットの二つのヴォリュームは領域として知覚されるべきものである。充と空、内部と外部といった二つの対立項によって複雑系を形成していく。全体はそれらの集合体である。この運動は全てのユニットが少なくとも一つのヴォイドないしソリッドによって埋め尽された時点で終了する。ここに提示するモデルはそうしたいくつかの組み合わせの中のひとつである。
それは一見ランダムに見えるが、ひとつのルールによって成立する秩序化された系である。この系は建築的に言えば、統一された意味の連続性をもつ都市構造。すなわち、ひとつの場所性を有する都市とも言えるであろう。

このプログラムにおいて生成された構造は均一的であり、ヴォイドとソリッドは散乱した分布配置をもつという特質性が見られる。

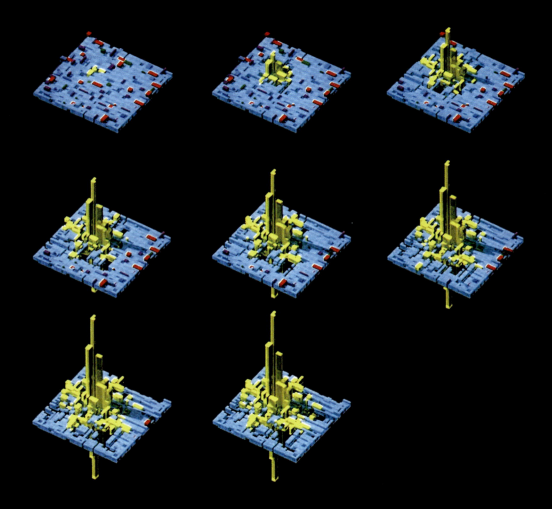

壊変モデル

この壊変モデルは、均一的で離散的な構造を破壊し、非均質な集中構造へと移行させていくものである。

はじめに、生成プログラムで形成された任意のモデルを選択する。当然、それは均一的な構造属性を持つ。この系に、その生成プログラムとは全く異なるプログラムをもうひとつのウイルスを無作為に選択された任意のヴォリュームに注入する。そのウイルスは汚染されたユニットの近傍に存在する幾つかのヴォリュームを自動的に引き寄せ、集積した容積を垂直方向へと転換するプログラムをもつ。時間の経過とともに、自らの情報を伝播させながら、その支配下の領域を拡張していく。それはまるで、レトロウイルスの活動と同じく、構造的な組織の疾患として全体を汚染させていく。周囲のテクストを無視するかのように、周辺組織に不安定な影響をおよぼし、全体を不連続に組織化し、改変させ、組み換えるというゲームをおこなっていく。そうした異種組織は、時間の経過とともに、系全体を崩れさせていく。そして全体は別のシステムへと安定していく。このモデルはとりもなおさず、仮想構造の場所性の発生プロセスでもある。

まず、任意に選択したモデルに対して直交座標系を設定し、各ユニットに番号をつける。
X方向に　　…、n-1, n, n+1 …
Y方向に　　…、N-1, N, N+1 …
任意のユニットを選び (n, N) とする。そのユニットは汚染する。

ユニット (n, N) は、時刻 t=1 において
(n, N ± 1), (n ± 1, N) の 4 個のユニットを汚染する。

時刻 t=2 において
(n, N ± 2), (n ± 1, N ± 1), (n ± 2, N)
の 8 個のユニットを汚染する。

以下同様にして、ユニット (n, N) は時刻 t=p において (p；自然数)
(n, N ± p), (n ± 1, N ± [p-1]), (n ± 2, N ± [p-2]), ……(n ± p, N),
の 4p 個のユニットを汚染する。

こうして、最初に汚染されたユニット (n, N) はその近傍のユニットを次々と汚染していく。汚染されたユニットは内部のソリッドを最初に選んだユニット (n, N) へと移動させる。ソリッドがもとにあったスペースはヴォイドとなる。そして、集積したソリッドは垂直方向に順々に積み上げられていく。

汚染の度合が拡散するにつれて、ソリッドは中心へと集積し、反対にヴォイドは外部へと離散していく。引き寄せるソリッドがなくなるまでこの運動は続いていく。

Volume + Network

ヴォリューム概念の変遷

周知のとおり、ル・コルビュジエは、建築をヴォリューム「立体」、サーフェイス「面」、プラン「平面」、トラセ・レギュラトール「規整線」の4つのカテゴリーに還元した。特に平面こそが重要な原理とする階層的な意識をもっていた。平面は、形態を生み出し、ヴォリュームと空間の間を調整し、ヴォリュームの配置とサーキュレーションの秩序を調整するためのものであった。それは建築自身が外部と孤立する不連続な時代においての理解だった。しかし、現代のように外部が建築に侵入し、建築が外部（フィジカルなもの以外も含めて）と連続する時代において、サーキュレーションを受ける回路そのものが建築の中心に来るのである。アイゼンマンによると、ヴォリュームは、空虚なヴォイドの対立項としてのタンジブルで明確なマッスではなく、スペースの範疇に包含されるものとして定義されている。概念的には、ヴォリュームとスペースとの対立関係は存在しないとする。すなわちヴォリュームは、エネルギー密度によって変化するスペースそのものなのである。サーフェイスはエネルギーを孕むスペースを覆うために便宜上設定しているに過ぎない曖昧な境界である。そうしたサーフェイスによりヴォリュームは定義されているのである。アイゼンマンのこうしたヴォリュームの定義に関する指摘は重要である。建築は、そうした密度をもった濃淡のある領域（ヴォリューム）としてプログラムされるものとして定義する可能性が開かれる。

こうしたヴォリュームの概念はスペースの概念に含まれながら、等質で中立なスペースに対して、エネルギーや力の方向性が蓄えられたものと理解され、さらに尺度としてのカルテジアン・グリッドを参照することが提示されている。カルテジアン・グリッドはデカルトの言う3次元の方向が等価なニュートラルなものとしてではなく、建築においては重力が支配的な役割を占めるため、絶対的な水平性とそれに対する垂直性として、3次元空間の方向性が等価でないことに留意しながら注意深く定義するのである。

このことは、不連続で凝固したタンジブルなオブジェクトを眺めるだけの行為を越えて、空間がエネルギーを孕む密度、そして参照グリッドを基準とした計測への意識を孕んでいる。一歩進めるならば、このヴォリュームなる概念は、不連続性から連続性へと開かれる可能性を含意していると言えるのである。

その契機は、ヴォリュームが固定化されたソリッドではなく密度のある気体として、コルビュジエが含意したことに始まる。その意味で、コルビュジエのヴォリューム概念が重要な意識を孕んでいたのであり、コルビュジエの功績は大きいものと思われる。

こうして力学的エネルギーは、建物自身を流れ、建築の内部は回路やサーキュレーションとなる。建物の限界を定義するエッジやサーフェイスが消失し、外部の流れが、内部に吸収されていくことを可能にさせるのである。建築のランドスケープ化ともいうべき状況になっていく。

セドリック・プライスによってなされたファンパレス・プロジェクトは、こうした考えの方向に交わるプロジェクトの事例として位置づけられるだろう。ファンパレス・プロジェクトは、

アイゼンマンによるコルビュジェのヴォリュームの再定義を受けて、これからの建築の目指すべき概念の延長に位置するべきヒントを有していると思われる。

ファンパレス・プロジェクトのスペースは特定の状況の強度のゾーンとして、ヴォリュームの再定義をおこなう。建築は固定化されることはない。建築的要素が一時的に宙づりにされ、形態をゴースト化するという形態の不在を示している。

フィジカルな輸送とインヴィジブルな情報の流動の重なり合う中にプロジェクトは置かれる。この建築はネットワークのイメージをメタファーする単純なものではない。そこには永遠性を求めた古典的な数比論理を拒否し、現実世界における交換と多様性の産出のための論理のみを存在させようとする。繰り返されるフィードバック・ループとしてのランドスケープ化された建築のゴーストのみが表象されているのである。

このプロジェクトにおける内部と外部とのコミュニケーション・システムこそが、今後の建築の基準となる可能性を孕んでいる。旧来のエッジやサーフェイスによって閉じ込められ凝固されたヴォリューム、すなわちソリッドは、制限のない連続的な存在へと移行していくのである。建築内部のアクティヴィティが外部のネットワークというランドスケープの運動エネルギーと連動することで、孤立した不連続な建築をコントロールしてきた「意識」は変質せざるを得ないのである。こうして旧来の建築の存在形式は変質していくのである。

過去から未来へ

モダニズムによって生まれた空間概念では、もはや現代社会の流動する混沌としたエネルギーを含むことができなくなりつつある。社会は急速な加速度で進化し、われわれの空間の性質を変えていく。柱梁のグリッド構造で生成される空間システムは急速に社会への適用性を失いつつある。現代文明が過剰なベクトルに向かって動く限り、こうした特質は加速度的に進行していくだろう。いろいろなエクリチュールの相互作用の中で、境界を越えて流動するエネルギーは、速度を得て、距離を縮小させていく。今日、古典的な「場所性」の概念は溶解し、「コンテクスト」という語はその意味を失ってしまった。はるかに離れたものどうしが結合する。そのため、遠近、内外、定点と動点という二項対立は崩壊する。これまで建物はその近傍の環境との関係から生じ、コンテクストに基づくハーモニーを得ていた。コンテクストは最も高いプライオリティーをもっていたのである。しかし、現代建築では、このヒエラルキーは崩壊しつつある。近傍は、遠隔に対する優勢をもはやもたない。位置の逆転現象が起こり、遠近の相互接続がおこなわれつつある。この不可視のエネルギーは都市の潜在性に変形を与え、都市を莫大なエネルギーの充満した場へと向かわせる。こうした流動するエネルギーに対応できるように、建築は固定化された機能を含むソリッドから柔らかく適合できる器官へと、その性質を変えなければならない。

過去と未来との間に横たわる埋めるべきものとして何か

「参照空間としてのサイバースペース」における生成モデルと壊変モデルに類似するプログラムによって、ヴォリュームは生成される。これらの建築群は流動そのものを表象している。多くの断片が交差し、重なりあう。人々は、限定された境界を越えて、あらゆるものがトポロジカルに流出入し、通過し、往来することができる。水平・垂直に縛られるグリッド構造から解放された無定形のヴォリュームからなる集合体である。

これら集合体は、グリッド構造よりもダイナミックなエネルギーを受容する。内部と外部は表層を越えて、現実とヴィジョンは相互に連続性をもち、全ては流動する。このダイナミックで流動的なエネルギーが新たな都市の形成を決定しようとする。

われわれは「現在」において、ただ単に近視眼的に反応するだけでなく、「過去と未来の間に横たわる重要な欠如を埋めるために何が必要か」を深く熟考しなければならない。

Glass Temple

Kyoto, Japan, 1998

グラステンプルは、新旧、過去と現在、外部と内部、ヴォリュームとヴォイド、水平と垂直という対立するテクストの重層化と反転で構成している。また1997年に発表した「参照空間としてのサイバースペース」の生成モデルの原理を応用したものである。その後、こうした原理の応用は、ホワイトテンプル、メタルオフィス、サイレントオフィスへと続く。このグラステンプルは、私の建築における形態生成原理の具現化の原点として位置づけられるものである。

敷地は、五山の送り火で有名な舟山の麓にある。霊源皇寺は修学院離宮を造営されたことで知られる後水尾法皇が、仏頂国師（一絲文守）のため、寛永15年（1638年）、風光明媚な京都西賀茂の地に建てた勅願寺である。国師の死後、法皇自らが御尽力を注ぎ、国師の遺跡を再興させるため、寛文11年（1671年）御所の清凉殿を移設し仏殿が建立された。現在も天皇家との由緒が引き継がれている。境内を初めて訪れた時、私は格式ある歴史に敬意を払うと同時に、仏頂国師の透明で純白なる精神を、現代に継承してゆくことが使命であると感じた。

仏殿（本堂）が軽い起りと反りのついた二重屋根の優美な姿を見せていた。もともとは柿葺の屋根であったという。今回の屋根の改修工事ではその名残である柿葺の一部が発見された。あきらかに、建物は時の流れの中で呼吸をしていたのが感じられた。私は建物の生命の流れを過去に留めるのではなく、さらに未来へと延ばしてやりたいと思った。過去から連綿と続く時の流れの中に、現代という時間を重ね合わせることで、過去の存在が鮮明化されることを求めた。それが先達の遺跡に接する際の礼儀であり、歴史と対峙する際の作法であると思われたからである。敷地は、既存建物との関係により4つの領域として認識された。桜の庭、枯山水の庭、池の庭そして椛（もみじ）の庭と各々に異なった表情が読み取れる。新しい建物は椛の庭に計画された。この敷地に古くからあった椛の老木が、本堂と同様にひときわ存在感を醸し出している。

建物は、庭の建築化として構想された。全体は、全て地中に埋め込まれた。紅葉の大木を中心に、本堂、書院等に対してわずか5度のずれをもって6m×22mの平面を持つ深さ6mのヴォイドを注意深く配置した。さらに15m×3.6mの平面を持つ高さ6mの白いヴォリュームが、その中に挿入される。透明ガラスの箱のみが、白い地下空間へのトップライトとして地上に現れる。スリガラスによる光庭が、建物を垂直に貫通する。この光庭は、外部ではヴォイドでありながら、内部では光のヴォリュームとして認識される。ヴォイドとヴォリュームの関係は、建物内外を移動することにより反転する。スリガラスにより柔和で均質な光が空間内に拡散される。トップライトの透明ガラスによる直進的な光とは異種の光がもたらされ、建物内部に異なる表情を与える。建物内部に導かれた光は白い空間内部で増幅し、全ての形態と輪郭を消去していく。

地上の庭は、白い玉砂利で敷きつめられる。新しく重ねられた空間は、この庭を介して、既存の本堂、書院と呼応し連続する。西賀茂の豊かな自然に包まれて、新しい建物と、時を経た古い建物とは互いに自律しながらも調和して、新たな歴史を刻み続けていく。

重層化されたテクスト

この場所におけるインヴィジブルな力場を様々な方法で浮かび上がらせることを最初に試みた。状況をどのように理解し、眼に見えない意味を浮上させるか。それには自らのイメージと敷地および建物との状況、それらの関係を整理しなくてはならない。

周辺および敷地上に存在し散乱する意味をこのワイヤーフレーム上に形として置換し視覚化してみた。場所がもつ特性。なだらかな斜面。隆起と陥没。水の流れと溜まり。グリーンと白砂。ヴォリュームとヴォイド。こうした場所が織りなすテクストに対して新たにひとつの論理を挿入する。そのとき、新旧二つの論理が重なり合い、全体は融合して次なるテクストへと移行していく。

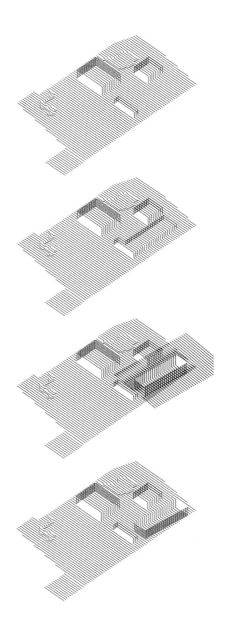

敷地に挿入される論理

この計画ではヴォリュームの和、差、積の演算操作による限定したルールを設定することにより全体を構成した。ただし、それらのルールをどこにどのように使うかは任意であり、つくり手の感性に任される。問題は構成方法を規約のもとに制限することであった。

大地にひとつのヴォイドをくりぬく。そこに一回り小さいヴォリュームを配置する。大地と挿入されたヴォリュームとの位置関係によってヴォイドをつくり出す。さらにそこにもうひとつのヴォイドが穿たれる。こうして同じ規約に則ってヴォリュームとヴォイドは位置関係を取り結び、和、差、積の演算により相互に貫入する。

ヴォイドは領域として知覚されるべきものである。充と空、内部と外部といった二つの対立項として相互に反転しながらひとつの系を形成していく。

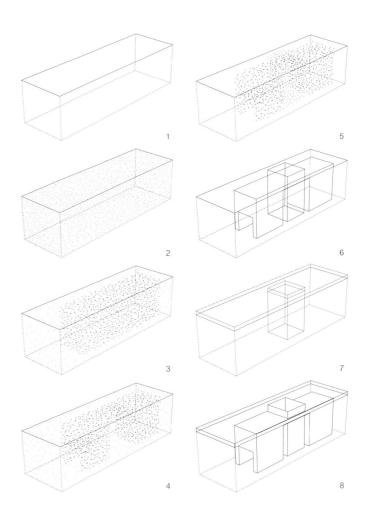

反転する位相

垂直に挿入された外部のヴォイドを構成する乳白色のガラスは太陽光が投影されたスクリーンとなる。このスクリーンは光を受けてその表情を時々刻々と変化させ、内部からは光のヴォリュームとして認識される。
すなわちヴォイドを第二のヴォリュームとして考えれば図と地の反転によって位相を変えた新たな空間が成立されている。
外部と内部、ヴォリュームとヴォイド、実と虚、密と疎。こうした背反する二つの領域が複雑に重合することにより、全体は構成されていく。

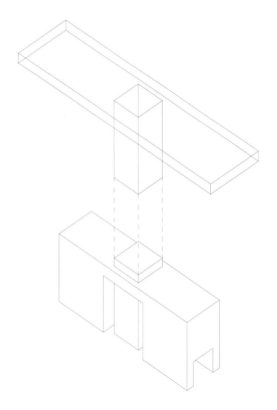

重ね合わされた位相

新しくつくられる建物は全て地中に埋め込まれている。さらに白い箱がその中に挿入される。その間隙に回廊が形成される。地上の本堂および書院を巡る回廊が、縁側としての外部水平方向に開くのに対して、ここでは、垂直方向上方のみ開かれた内部回廊が生み出されている。これら回廊は、地上と地中、外部と内部、水平と垂直と反転しながら巡り、人々に異なる空間体験を与えることで、この敷地がもつ潜在的なポテンシャルを向上させ、活性化させる。

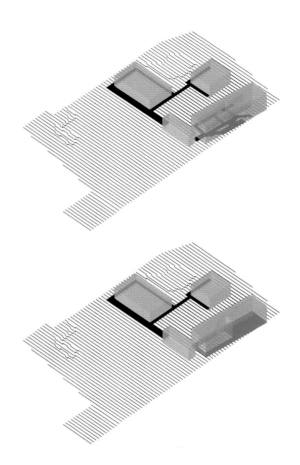

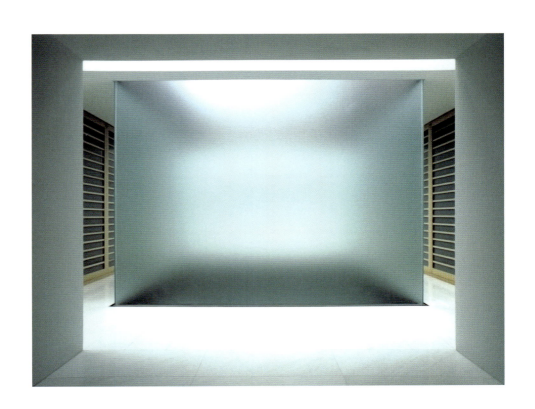

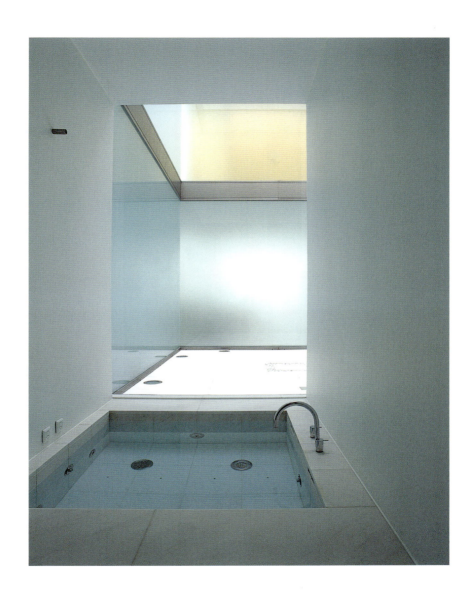

10:40

11:10

11:05

11:55

11:55

12:25

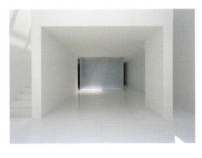

12:45

12:55

White Temple

Kyoto, Japan, 2000

京都府の瑠璃渓に阿龍山瑞専寺は位置する。この地一帯は湖を中心として、緑深い山々が連なる風光明媚な地であり、京都府の自然公園に指定されている。この美しい自然に包まれた瑞専寺の境内の奥、湖を臨む所に、黒い那智黒を敷き詰めた庭を新たにつくり、そこに新しい御堂を本堂と庫裏に平行に並ぶかたちで挿入した。ここでは、濃密な緑から切り取られた余白としての庭を際立たせることを求めた。そのことにより逆に、美しい風景がこの余白によって強く生きてくると考えたからだ。

建物は幅 5.1m、長さ 14.3m、高さ 3.4m の小さな白い直方体である。黒い那智黒の玉砂利が敷き詰められた庭が周辺の豊かな緑を切り取る。建物は、死者への敬意を払い、地上より浮かしてある。外より内部への眼差しを上方へと向けるためである。

青い空、緑の山々、空や山を映す湖、黒い那智黒が敷き詰められた庭、白く抽象的な量塊。こうした明確に分節された色彩はわれわれの感性に強く訴えかけてくる。さらに白く抽象的な量塊は周辺の風景と対峙し、鋭く切り込む。その明確な幾何学形態は不規則な地形と強い対比を示し、美しい山水を鮮明化させる。　建物は傍系供養のための位牌堂である。傍系供養とは、母方や妻方の先祖の祖霊を供養することである。現在の日本の戸籍法は父系中心であり、80 年で母系の家系は消滅し、まったく供養されることもなく、やがて人々の記憶からも消えてしまうという。父方だけでなく、母方の先祖にも感謝しなければならないという教えにより、この計画は始められた。建物は、こうした母方の祖霊を祭るための御堂である。

私は、この御堂内部が母の子宮に包まれ、母の体内に抱かれるような空間となることを求めた。なぜなら、この空間に包まれることで、母方の血脈を今に感じ、自分たちが生を受けて此の世に存在することに、感謝の念が生まれるようにと考えたからだ。したがって、内部は子宮内の羊水に胎児が浮かぶような浮遊感を漂わせている。外部から内部へと向かう移動。それは、此岸から彼岸へといざなわれる移動でもある。そこには、敬意が払われるべき内部、そして天上への眼差しが用意されている。背後から光は侵入する。光は直接導かれるのではなく、白いマッスである位牌が置かれる基壇によって阻まれる。日蝕のように光はその全貌を見せない。光は前に立ちはだかるものによって、姿を変え、金色に縁取られた光を背後から放つ。仏はその光に導かれ、そこに鎮座する。

Model

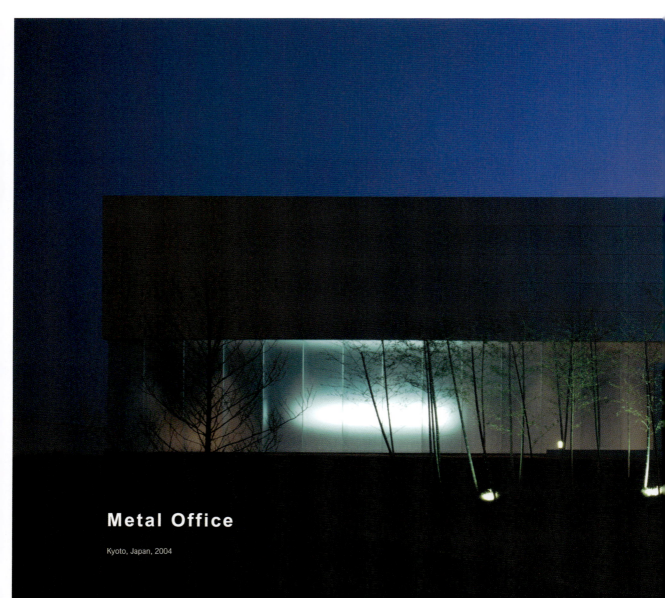

Metal Office

Kyoto, Japan, 2004

敷地は京都、奈良、大阪に囲まれた関西文化学術研究都市に位置する。ここは京阪奈丘陵の豊かな自然・歴史・研究の拠点づくりと21世紀のモデル都市をコンセプトとする都市づくりが進められてきたエリアであり、筑波研究学園都市と並ぶ広大な学園都市を形成している。周辺には国立国会図書館関西館をはじめとして、基礎・応用研究をおこなう大手企業の施設や高級住宅街が並ぶ。敷地と道路との3mレベル差を利用して斜面の庭とし、その上に建物を配した。斜面の庭にはモウソウチクが建物と平行に離されて植えられ、エントランス部分の外部スペースを緩やかに包む。裏側の隣地境界には刈り込みが植えられ掘りこまれた駐車場を隠し、境界を分節する。

クライアントは精密金属部品の研究開発や輸入をおこなう先端企業である。計画では、企業イメージである緻密な金属部品の属性を建築の形態として求めた。したがって、外部のみならず内部の床・壁・天井も全て金属パネルで覆われている。前面道路からの建物の威圧感を軽減するため、メタルのマッスな矩形部分を上層だけにし、下層部分には浮遊感を感じさせるスリガラスを使用した。そのため、建物の構成は、35m（間口）×12.1m（奥行）×7.9m（高さ）のメタルで覆われた単純な矩形のマッスをスライスさせ、南北にスライドさせる。

そこに生じる上下の余白に、スリガラスやメタルファブリックのヴォリュームを挿入し、下部の余白をエントランスロビーやショウルームとして、上部の余白をバルコニーとして機能させている。矩形のメタルのヴォリュームには南北方向に上下二つのヴォイドを貫通させている。下部のヴォイドは車路として機能し、前面道路と奥の駐車場とを結ぶ。上部のヴォイドは美しい眺望と開放感を持つ会議室として機能させている。明るい採光と眺望を得るために、すべての執務室を南側に配し、通路や階段を北側に配している。搬出入のため車路に面する形で出入り口を設け、一階に倉庫や研究実験室を配している。

まばゆい乳白色の光で充満した1階エントランスを抜け、暗闇となった階段を通じて二階の通路に導かれる。薄暗い通路の先の扉を開けると、急に緑の山々を見渡すことのできる開放感のある会議室へと連続する。ここでは要求された諸条件を周辺環境との関係から整合させながらも、それらスペースが明暗や閉鎖・開放の連続・不連続性によって結び付けられることによって空間全体のポテンシャルを高め、機能性と快適性を向上させることを求めた。このオフィスで働く人々がこれらの変化あるスペースを行き交い、刻々と変化する空間を体験することによって、新たな研究開発の刺激を受け執務を遂行されることを望んでいる。

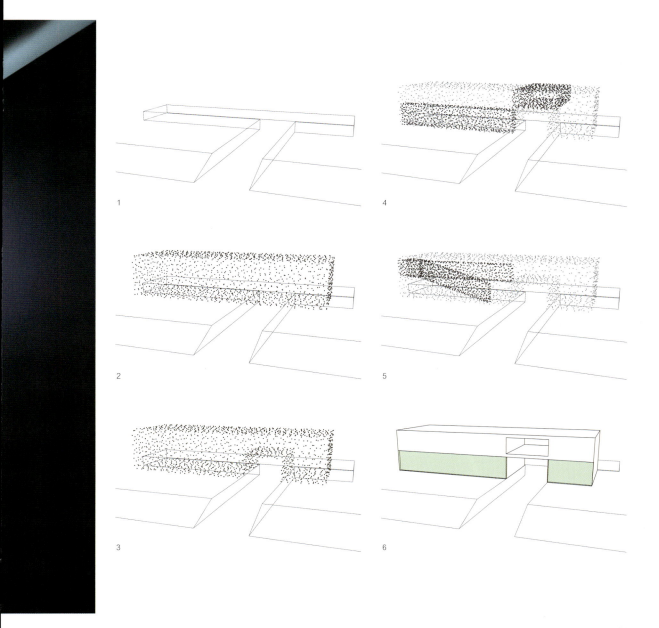

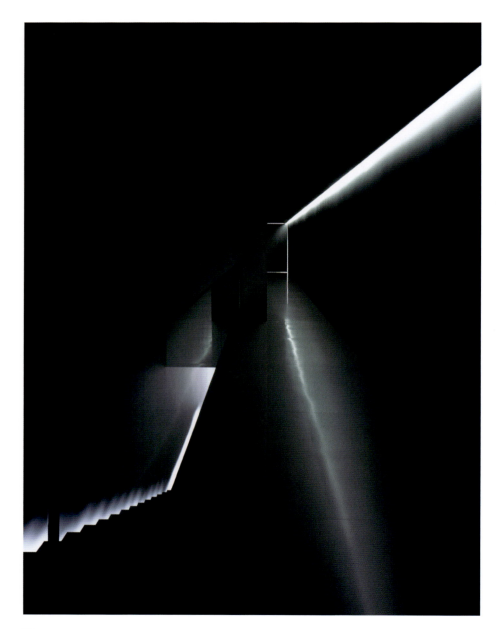

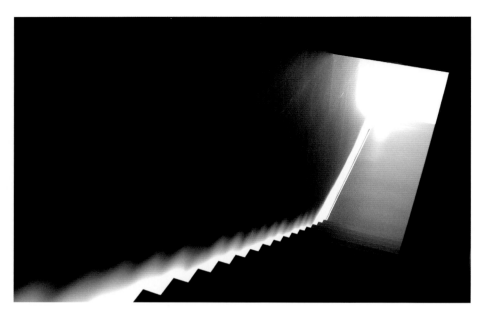

Silent Office

Tokyo, Japan, 2008

敷地は、羽田空港近くの首都高速道路の高架下、二つの道路に接する角地である。周辺には統一感の無い町並みが連続する。
こうした良好ではない環境にオフィスを建てることが求められた。
全体は、静寂性を求めて、閉鎖的な構成としている。矩形の建物に、二箇所切れ込みを入れ、建物内部に光と風を導いている。有効な内部空間を確保するために、斜線制限を考慮に入れながら、三階部分の天井高が確保できる限界まで建物を西側隣地に寄せ、東に向かって天井高が高くなるよう建物の屋根を傾斜させている。
単に機能性を求めるだけでなく、空間が豊かになるように、内外のスペースを配置させている。
敷地の北奥には駐車スペースと配送のためのスペースを配している。道路側には植栽を施し、周囲に対して豊かな緑のスペースを供与している。
菓子問屋業を営むクライアントのため、倉庫と配送のためのスペースが必要となる。一階には倉庫と自社のためのオフィスが、二階には倉庫が配され、三階にはテナントのためのオフィスが配される。

一階オフィスではペーパーワークが主流となるため明るい執務空間としている。
三階オフィスでは、特にインキュベーションオフィスにすることが求められた。有望な若い企業を支援・育成するためのものである。感度の高い人々が集まることで、新しい思考に自らも刺激を受け、新たなビジネスを展開したいというクライアントの思いから、ありきたりなオフィスではなく、思考や感性をより活性化させるものが求められた。そのため働く人々の瞬時の発想を具現化できるよう、意見を交換できるスペースが建物内部に散りばめられている。

玄関ロビーは、そこから一直線に伸びる外部階段を通じて三階テラスへと連続する。このテラスを境にオフィスとゲストルームが配されている。こうした断面的に連続するスペースは働く人々のよりいっそうの語らいを促す場を実現させている。小雨の日に外に出ても、靴底が直接水溜まりに接しないように、外部階段やテラスの床はステンレスメッシュで覆われている。一階玄関ロビーは二つのスペースに分割可能である。セパレートされた静かな打ち合わせ室としても、ロビーを一体として広く使うこともできる。
この建物では通常のオフィスのように、まぶしいほどの光は不要と考えた。建物に導かれる光は控えめにしている。そのため、断熱効果だけでなく、落ち着いた内部空間を演出している。
照明計画も、各自が必要な時、必要な所だけを照らす形式を取る。目先の生産性と効率だけを求めるのではなく、ここで働く人々の感性が自身の内部に向き、新たな発想が生み出される創造の場としてのスペースを求めたからである。

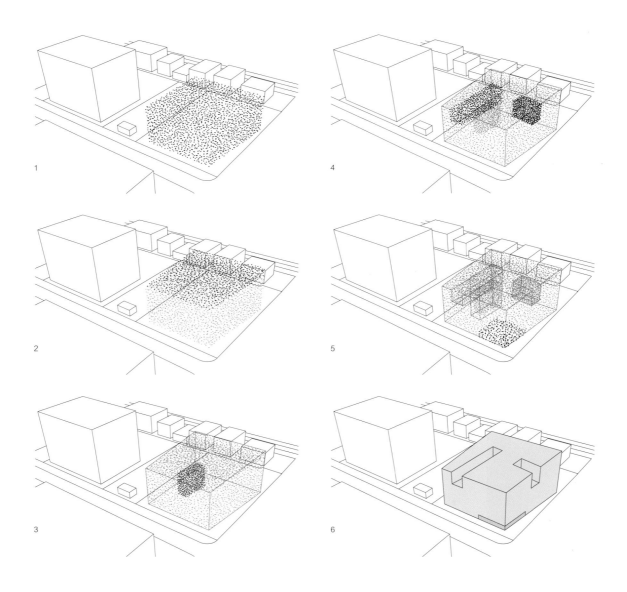

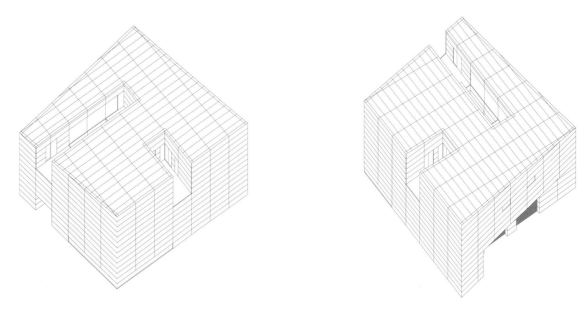

House in Ise

Mie, Japan, 2010

敷地は伊勢市内を南北に貫く宮川を臨む小高い崖に位置する。北西に 10m ほど下がった急斜面には、落葉樹が立ち並ぶ。建物はこの斜面の頂上にわずかに残された平地に計画された。
施主からは、隣接する住宅街とは切り離しながらも、豊かな眺望と自然に満たされた生活の場を要求された。

建物は、南北に延びる敷地に平行に片流れ断面をもつ 2 つのヴォリュームが置かれる。それらは互いに向き合い、切り妻の屋根形状を形作る。さらに矩形のヴォイドが中央を貫き、XYZ 軸方向に拡張する。ヴォリュームとヴォイド相互が複雑に絡み合い空間を構成している。量塊としての存在感を持たせるために、外部にはシームレスな FRP 塗装が施される。崖下から見上げると、2 つの白いマッスの存在が木々の中に垣間見え、自然の風景を一層際立たせる。夕刻には西日により映し出された木々の陰影が、白壁のスクリーンに投影される。
中庭を軸に諸室は回遊するように配される。エントランスからは、玉砂利の敷かれた 2 層分の中庭が垂直方向に伸び、上空からは自然光が差し込む。水平方向にも伸び、先には矩形に切り取られた河畔を眺める。東棟 1F には、一体となったリビング・ダイニング・キッチンが広がり、生活の中心として機能する。北側の開口からは、伊勢の街と宮川の風景を見渡すことができる。光沢のあるアルミ床は、中庭から差し込む自然光を増幅させ、様々な風景を映し出す。連続するパウダー・バス・シャワースペースは、中庭に面するスリガラスを通した乳白の光で満たされる。
2F のファミリースペースと寝室は勾配天井を持ち、屋根スリットからの間接光により柔らかく照らし出される。水平方向にも伸び、先には矩形に切り取られた河畔を眺める。

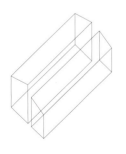    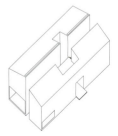

1. volume   2. rectangle void   3. void to XZ axis   4. void to Y axis   5. finished model

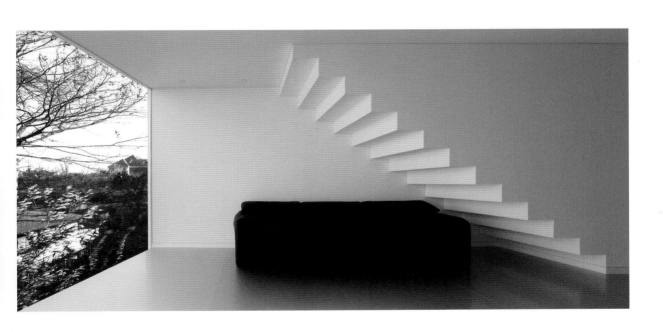

K House

Osaka, Japan, 2015

敷地は大阪府南部の閑静な住宅街である。交通量の多い前面に道路を挟んだ南側には商業地域が広がる。敷地周辺は、前面道路から北に向かって下る傾斜地になっている。ここではギャラリー兼住宅が求められた。

ギャラリーの機能から、静寂性を求めて、南側に対して閉鎖的な構成としている。そのため前面道路に面する南側では開口部が一切排除されている。北側の開口部からは自然光が侵入し、奥に行くにしたがって明から暗へと緩やかに濃度を変え、内部空間を優しい光が充たす。2Fにおいて、バス・レストルームのヴォリュームが、二つのスペースを仕切っているだけであり、それ以外の間仕切りは無い。生活スタイルによって様々な変化に対応できるように計画されているため、住み手は多様な機能に応じたフレキシブルな空間を自由にカスタマイズすることができる。

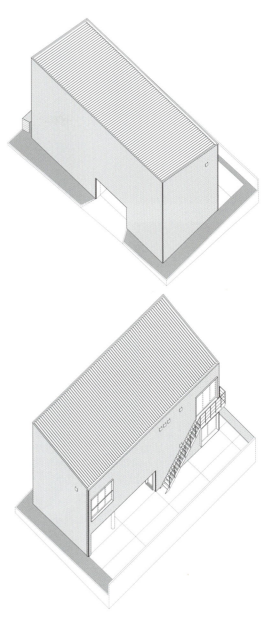

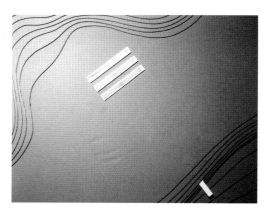

Underground Temple Japan, 1998

3m × 32m の長方形平面をもつ深さ 8m の矩型の筒 3 本が平行に配され、大地に埋め込まれる。矩型の壁には納骨のための穴が穿たれる。地中へは階段を通じてアプローチする。長さ 45m の通路が 3 本の筒の中心に直行して配される。闇に包まれた長い通路を突き進んでいくと光に充ちた視界が開け、闇が充ちた世界との対比を見せる。夜には壁に穿たれた穴にはめ込まれたスリガラスに明かりが灯り、幻想的な雰囲気を醸し出す。

Water Temple Japan, 1998

水上に浮かぶ礼拝所である。ガラスの小端立て状の連続壁が二枚のスラブに挟まれた全長64mの外郭と、その内部に配されたヴォリュームとで構成される。床スラブ部分は空気層を備えたコンクリートのヴォイドスラブとなっており、それにより浮力を生じさせている。建物のコア部分はスラブを貫通し、基礎部分が池底部とアースアンカーと杭によって緊結される。二つの部分はそれぞれ浮力と鉛直力及び水平力を分担し、バランスの良い構造形態となっている。

 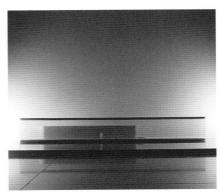

Memorial Space Japan, 1999

一辺6mの正方形断面をした48mのスリガラスの筒が、30度傾いて水面上に配置されている。内部に御霊を安置する白いヴォリュームが置かれ、20cm立方の穴が穿たれている。さらにスリガラスの箱が挿入されている。夜になると、それぞれに明かりが灯り、1000体の御霊を慰める。建物は外部に開放されており、自然と一体化した慰霊空間を形成している。

Sky Temple

Japan, 2000

一辺22.5mの正方形平面を持つ深さ3.5mの矩型の建物が、緩やかな起伏のある大地に沈められている。地上部分には高さ1mのガラスの箱だけが突出している。内部には納骨スペースのヴォリュームが3本平行に配される。それらの間に、スリガラスで構成された同容量のヴォイドが挟まれる。水面にゆらぐ光は空間を振動させ静寂で豊穣なる世界をつくり出す。

Light Temple Koyasan, Japan, 2001

ガラスだけで構成された納骨堂である。直方体のガラスの箱は本堂とは土壁で隔てられた別の境内地に建つ。人々は、本堂から土壁を貫通するスリガラスの筒を通じて納骨堂へと向かう。スリガラスで囲まれた内部には柔らかい光が充満し、アルミの床におぼろげな光が映り込む。こうした優しい光の中で、人々は先祖の霊に向かう。

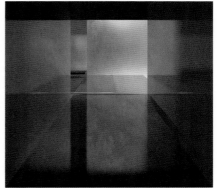

Glass Teahouse　　　　　Osaka, Japan, 2015

アルミとスモークガラスで構成された二畳の茶室である。茶室の天井と床はアルミパネルで構成され、床にはシルバーの畳が嵌め込まれる。茶室に向かうにはアルミで囲われた薄暗いアプローチを通らなければならない。その先には躙り口が用意されている。客人は躙り口を通して、明るい茶室内部へと導かれる。茶室の壁はスモークガラスであるため、光が充満しながらも、視界が閉ざされた狭小な内部空間が現出する。こうした明暗のスイッチングという光と空間の分節は客人の心の振幅を変化させる。そして茶室内部に佇むうちに、茫洋たる光は、高揚させた客人の心を落ち着かせるであろう。

STERNBRAUEREI

Salzburg, Austria, 2006

オーストリアのザルツブルグに建つ集合住宅の計画である。
敷地は特徴的な地形を持っている。切り立った崖となだらかな緑の斜面。敷地は、くびれた真ん中部分によって二つに分裂している。
残存する伝統的な建物に関して、残すべき建物と取り壊すべき建物を明確に分節した。新しく建てる建物との連続を図るため、外科的手術を伝統的な建物に施す。すなわち、既存の伝統的建物を二つに切断し、それほど重要ではない西側の部分を削除した。新しく建てられる建物は残った既存の伝統的建物に覆い被さるかたちで配される。
建物は、上下二つのヴォリュームに分かれる。下層部のヴォリュームの3.5m上に、上層部のヴォリュームは浮くかたちで置かれる。
ヴォリュームの側面はガラスルーバーで覆われる。南側の崖が太陽光を妨げるため、冬には建物のほとんどの部分が日陰に入ってしまい、光を建物内部に侵入させることが求められた。そのため、二つのヴォリュームに幾つかの垂直のヴォイドと側面のガラスルーバーを設けることにした。
上層部のヴォリュームの底面は反射性の高いステンレスパネルが貼られる。下層部の屋根部分には水が張られる。上層部のヴォリュームにはヴォイドが下から穿たれ、光は水面に反射して下方から内部に侵入する。下層部のヴォリュームにもヴォイドが上から穿たれ、上層部の底面や水面を反射した光が上方から内部に進入する。この二つのヴォリュームの狭間は建物に光と風とを導き、風景を眺める絶好の場所となる。
水面上に、プレミアムアパートメントのテラスが点在する。人々はこれらのテラスから、崖、空、周辺の景色を眺めることができる。
建物が折れ曲がった形をしている理由は、崖と建物との距離に変化をつけ、光と風を内部に取り込むためである。下層部の建

物は道路境界から９ｍ後退させている。そのため、周辺の人々は道路から崖を見ることができる。下層部分のヴォリュームの東側には残存する伝統的建築物へと導かれる水平の大きなヴォイドが穿たれる。その広場はパブリックなスペースとなり、カフェなどが配され、崖と伝統的な建物を眺めながら、人々がくつろぐことができる場となる。また、そこはメインエントランスへの導入となり、プレミアムアパートメント用のエントランスと一般アパートメント用のエントランスが、左右に分かれるかたちで配される。

建物全体は地上から４ｍ上がったところに置かれ、傾斜のある芝生広場が道路面のレベルから緩やかに広がる。その芝生広場は新街道に沿って、旧街道の痕跡を再び蘇らせ、緑の広場として文化施設へと連続していく。

建物は大きく二つに分かれる。上層部のヴォリュームは浮くかたちで下層部のヴォリュームの３.５ｍ上に置かれる。構造は一般的なラーメン構造である。

上層部にはプレミアムアパートメントが、下層部には普通のアパートメントが配される。上層部のヴォリュームの側面はスモークガラスルーバーで覆われ、下層部のヴォリュームの側面はメタルルーバーで覆われる。このルーバーを通して内部への通風が可能になる。

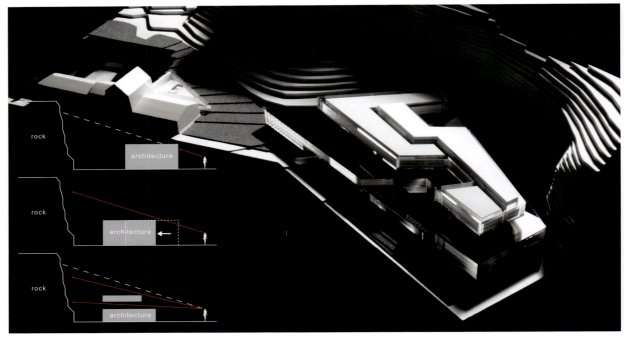

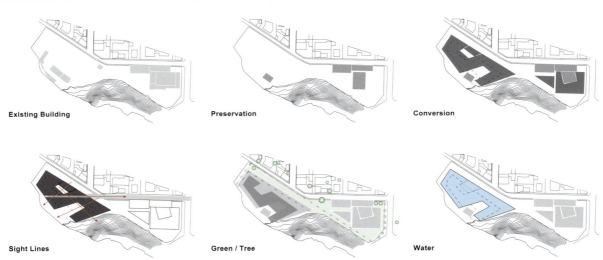

Existing Building

Preservation

Conversion

Sight Lines

Green / Tree

Water

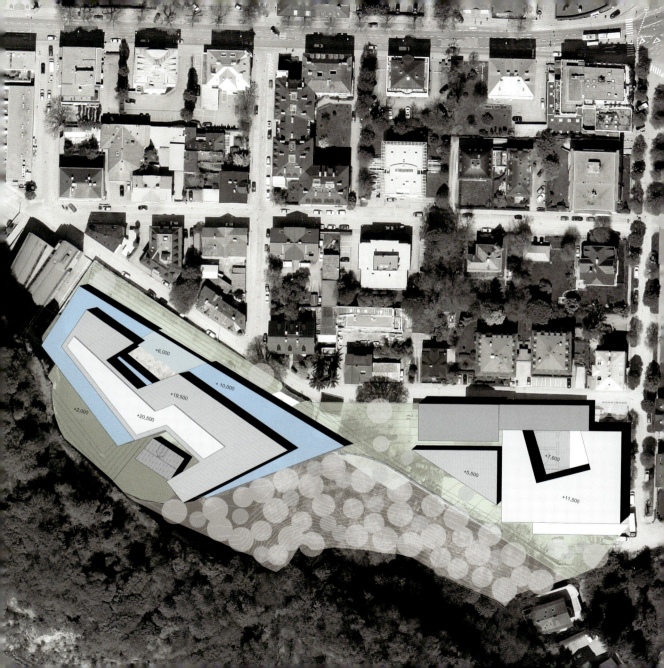

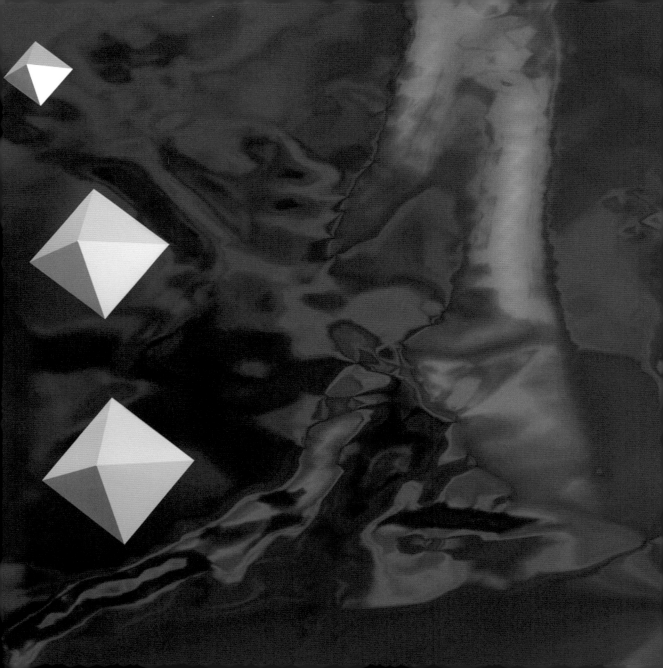

Parasite : Paresite

Giza, Eqypt, 2001

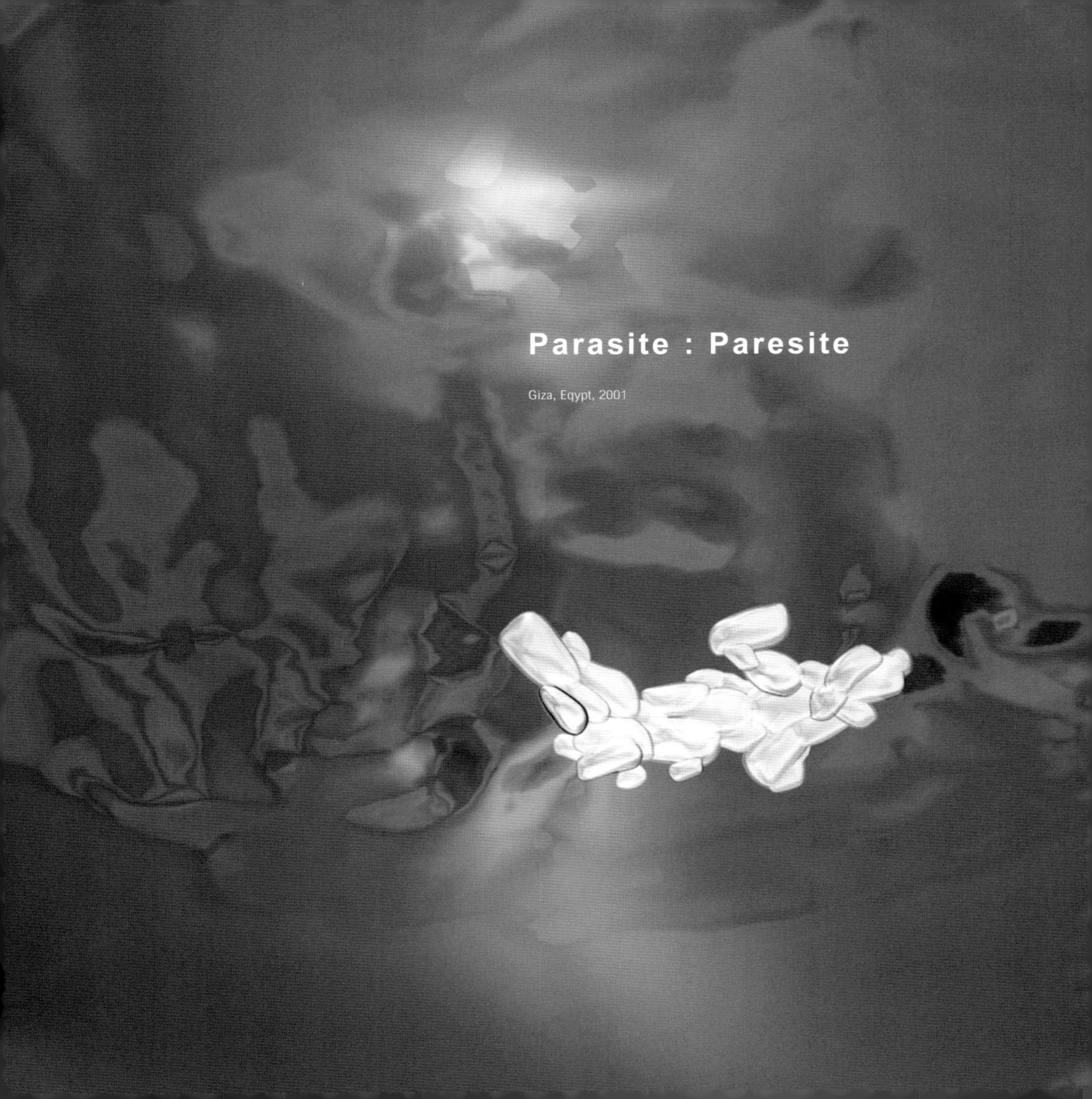

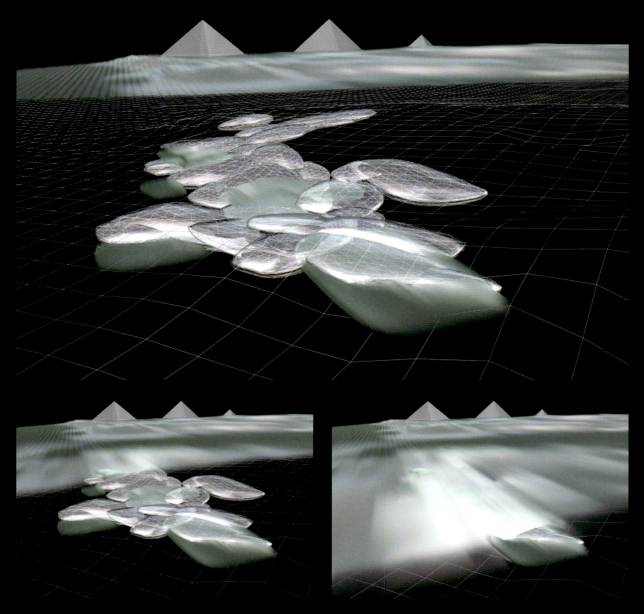

共振空間の創造

ここでは、ヴァーチャル VS フィジカルという二項対立図式を越えた共振空間を創造する。すなわち人間の知覚、思考、記憶などが、強度をもった波動として連続し共鳴していく建築空間の創造である。

サイバーテクノロジーによって、建築は内部化への欲望がより一層過剰となる。この柔らかく新しいテクノロジーは、物質と非物質との差異を横断する新しい次元へと世界を収斂させようとる。人間自身も自らの物質的な身体環境から脱皮し始め、非物質的な新しい枠組みの中へと組み込まれつつある。情報やメディアは包み込む空間としてわれわれの身体を取り囲み始め、皮膚のような機能を持つようになる。すなわち、われわれは、われわれ自身を包み込む表層によって内部化されつつあるのである。

そうした柔らかいスペースは、現実のフィジカルな空間に隣接しながらも、少しずれた次元に存在している。それは流動する非幾何学的な性格を所有している。それら二つの空間が同時にわれわれの身体を取り込んでいる以上、それらを独立のものと考えず、この二つの異なる空間の連携を図り、立体的に交差させる試みが必要となる。

今回の提案は、そうした新しく出現した柔らかい空間を物理的な建築空間の中に取り込み梱包することである。

場所に対する敬意と順応

皮膚(ランドスケープ)は切開され、この柔らかい建築はその傷口から皮膚組織下部に挿入される。まるで皮膚という生きた袋の中に浮かぶ丸みを帯びたシリコンのように。そして縫合される。挿入された建築はランドスケープと一体化し、敷地にパラサイトし始める。そして敷地は新たな場所として蘇る。その時、建築は滑らかな地表の一部として捉えられ、輪郭の幾何学として屹立することを否定する。すなわち、大地から分離された形態としての建築の否定である。そのことは、逆説的に、過去 4500 年以上、ギザのピラミッドが幾何学として立ち現れ続け、これからも立ち現れ続けようとするエジプトの歴史やエジプト自身に対して、この新しい建築が敬意を払おうとする意志を表明している。そのトポロジカルな表層は大地の表層と重なり共振する。このことは、この建築空間が大地によって断熱され、昼夜の激しい温度変化から保護されることを意味している。新しく生み出される建築は図でもなく地でもない。ここでは建築は地に埋め込まれ、その表層は滑らかな地表と混ざり合って図となる。

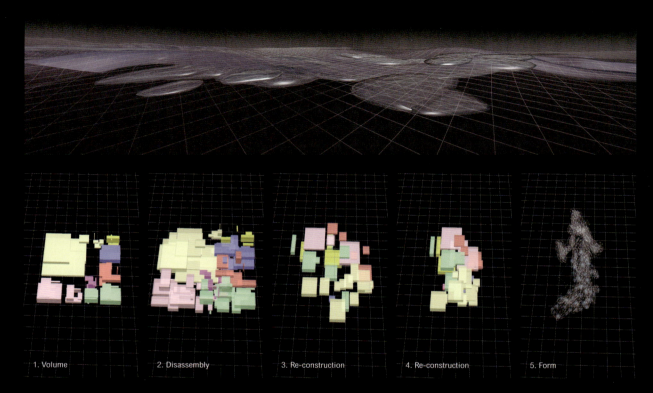

1. Volume　　2. Disassembly　　3. Re-construction　　4. Re-construction　　5. Form

建築プログラム

最初に、ギザのピラミッドのプラン上にデカルト座標を敷く。それにしたがって機能的な諸条件、すなわち面積要求や順序および結び付き等のプログラムどおりに矩形立体群を生成させる。そうして生成した矩形立体群から一部の立体だけを抽出し、デカルト座標に拘束されたまま、下層に移動させる。これらは、倉庫、機械室、収蔵庫等の直線的な機能の要求条件が与えられているだけの空間であり、相互の関係や結合もリニヤーである。残りの矩形立体群を、展示エリア、コマーシャルエリア等の非直線性や流動性が必要とされるスペースとして配置する。それらはデカルト座標からはまったく無拘束とし自由とする。各スペースは相互に緩やかな関係を保ちながらも、敷地の地形に沿って配置される。次に、それら矩形立体をエッジの無い閉曲面空間として変形させ、丸みを帯びた流動的空間として連続させ全体を構成する。

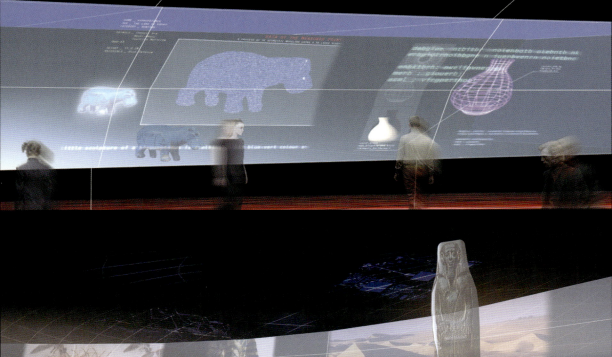

建築と情報の一体化

建築は情報と一体化していくことを視野に入れて、建築を構成するエレメントを選択すべきであろう。情報を有機的に連続させるためにも、建築を支えてきた既存のマテリアルを超えて、カーボンファイバー、セラミック、カーボンナノチューブ、セルロースナノファイバーなどの最新ケミストリーの成果であるマテリアルなども考慮したい。最近のこの分野のテクノロジーの発展は著しく、またローコストの可能性も持ち合わせているためである。

WTC re-building Project

New York, USA, 2002

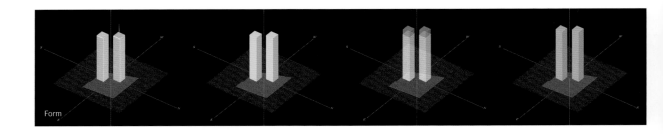

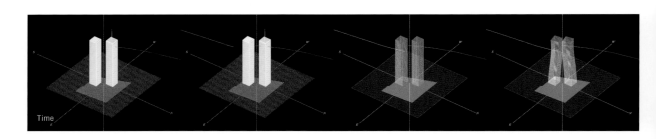

2001年9月11日、WTCがニューヨークから突如消えた。この都市のアイデンティティの消失は世界中の多くの人々にとまどいと衝撃を与えた。それはわれわれの時代に刻み込まれた苦悩と苦痛の傷跡でもある。この戦慄の出来事によるスカイラインの不在は、われわれの時代に大きな亀裂が生じた事を見せつけている。

私は、この理解し難い現実を、時間の地層に沈殿させることを求めた。実際、都市とはそうした傷跡の堆積でもあり、そうした悲しい亀裂を潜り抜けて来た人類の叡智の集積でもある。ここに何を建てるのかを問うことは重要な命題である。私は、犠牲者の霊やその遺族を慰める場をつくることだけに留まらず、この時代の傷自身を問い直すために、素直にそれに対峙し、思索を深めるための場をつくることを求めたい。そのためには、決して、この出来事の意味を外在的な力によって、隠蔽し変形させてはならないと考える。

私は、この出来事の意味を、われわれの生きている空間の近傍に、われわれの時間と空間に平行に存在させるべきであると考える。すなわち、この意味は、痕跡として、この惨劇が起こった同じ空間座標へと転置され、再びプリントされる。ここは、人々の生きられた時間と空間とが重なり、交差する場でなければならない。なぜなら、時間とは、こうした傷を受けた場の上を未来へと緩やかに流れていくものであり、悲しく引き裂かれた亀裂を徐々に縫合していくものであると強く信じるから。

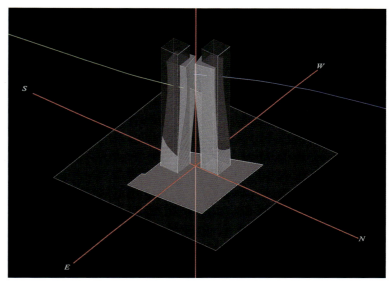
Fusion

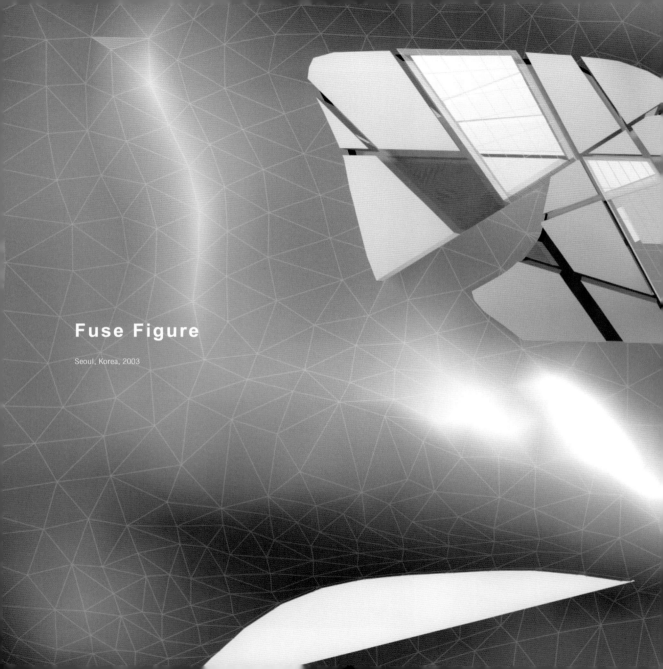

Fuse Figure

Seoul, Korea, 2003

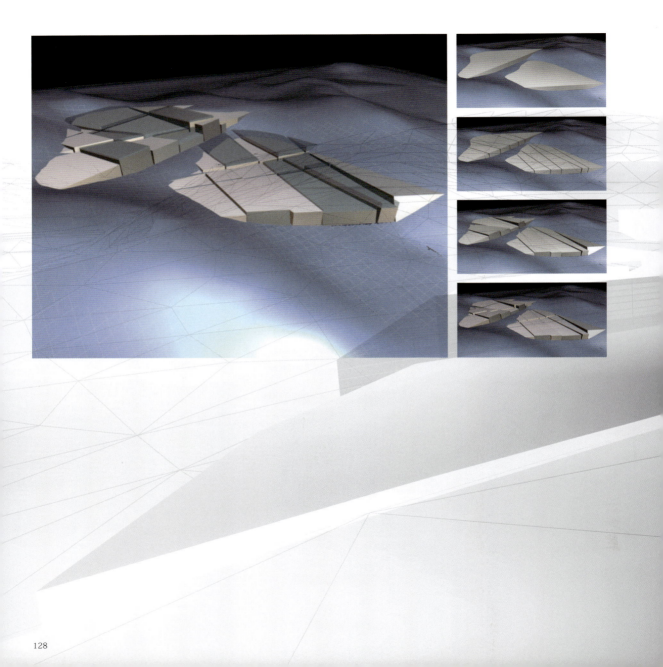

敷地と建築は相互に鮮明化され、新たな関係を取り結ばなければならない。

メディアテクノロジーの発達により、身体は単なる物質ではなくエネルギーの集合体として認識されつつある。空間が物質としての身体を囲い取ったと同様に、メディアはこの拡散し流動するエネルギーとしての身体を取り囲み始める。すなわちメディアは人を包み込む容器の役目を果たし始め、身体を包む皮膚や服のような機能を持つようになりつつあるのである。

こうしたメディアの皮層化によって身体は液状化され、その輪郭はさらに不明瞭な臨界として振動するのである。

これまでの社会は、全ての存在が明確なエッジによって分かたれ、不連続としてあり続けようとした。言い換えれば、建築のあらゆる欲望は輪郭へのフェテシズムそのものであったと言ってよい。しかし、新しく出現したメディアテクノロジーは、こうした輪郭へのフェテシズムから建築の欲望を乖離させつつあるのだ。

建築とランドスケープの関係において、建築の明確な輪郭こそが重要であるとされ、周辺の場所が持つ地勢や力場はほとんど無視されてきた。地勢は建築の背景としてのみ認識され、風景や景観という建築の付属物という扱いをされてきたにすぎない。しかし、メディアテクノロジーが輪郭を消失させようとする状況においては、そうした輪郭に固執することは、果たして意味があるのか疑問に感じざるを得ない。すべてが関連しあった連続性の中に建築は溶融し始めなければならない。すなわち環境とobject（客体）、subject（主体）とobject（客体）とは連続していかなければならない。

ここでは建築の輪郭を消去しようとする。すなわち、建築のエッジは自然から決定され、建築と大地の輪郭を共有することを求める。

こうした輪郭を消去しようとする企てを試みることは、この時代において意義あることと信じる。

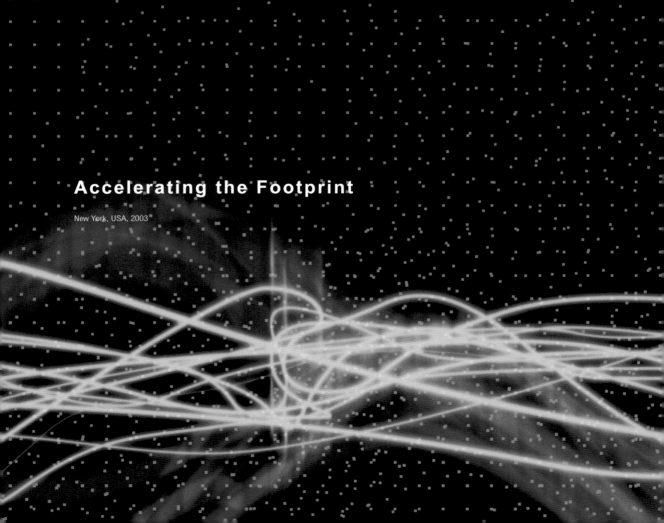

Accelerating the Footprint

New York, USA, 2003

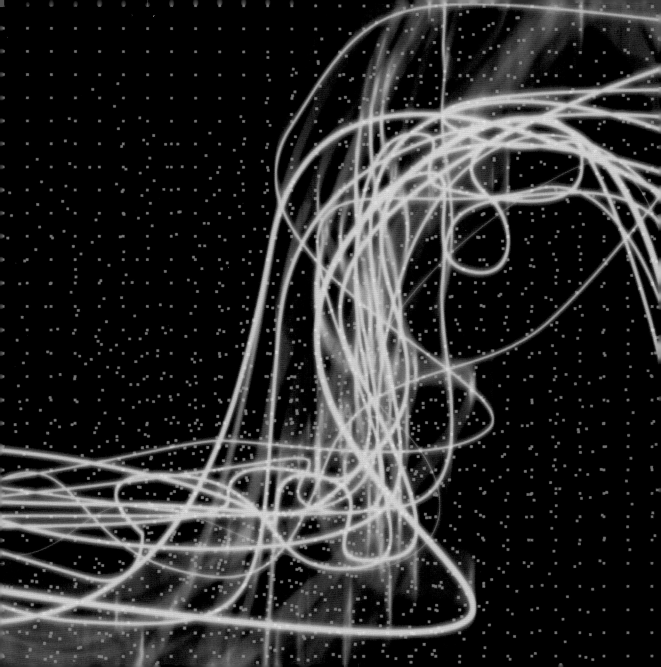

時間の間隙 / 場所の履歴

都市を巡り流動する経路は、輸送という機能を越えて都市のダイナミズムを実感させるものである。その役目を終了した経路は、その機能を消失したがゆえに、都市に、より豊かなスペースを創出する可能性が生まれる。

未だ機能を所有しているハドソンヤードの鉄道の経路と機能を終えてしまったハイライン。この二つの流動する経路は、都市に履歴の差異と切断を見せている。なぜなら、これら二つの都市のエレメントは似てはいるが明らかにまったく異なるものだからである。ハイラインの死によって新しく生じたこの流動する空間は過去を継承してはいるが、異なるものへと進化しているのだ。われわれはこのことに注視しなければならない。新しく創出する都市空間はそうした都市構造における履歴を加速させるものとして創出しなければならない。

この都市の間隙は現代のわれわれが常に支配されている、あの嫌悪すべき機能性や合理性のエッジの外にあることの可能性を有している。

私は、建物と隙間という物理的な図と地の枠を越えて都市構造を意識させ、新しく生まれる空間を機能性や合理性の充満する都市の隙間として存在させ、既存の都市構造と対峙させることを試みたい。この流動する間隙は、ハイラインの痕跡によって生じる磁場によって都市構造を変形させ、振動させるだけの大きなポテンシャルを有しているのだ。

私は、この間隙に沿って自然のチップや捻じれたヴォリュームやデッキを挿入する。ハイラインは緑の遊歩道として蘇り、捻じれたデッキがゆるやかにそのレベルを変えながら、絡みつくように交差する。グリーンスクエアは傾くことで、都市にその多くの表

面積を現し、豊かな環境を提供する。

ギャラリー、レストラン、カフェのヴォリューム、グリーンスクエアやウォータースクエア等のスペースは透過、半透過のマテリアルである柔らかな皮膜によって幾重にも包まれる。それらは光や風や雨を調節し、外部と内部といった明確な区分の無い領域を形成する。都市に、内部と外部、図と地といった区分に囚われない、輪郭や境界の無い第三の場を与える。ここは反射、吸収、透過、通過の作用が重層し流動する場でもある。水盤への空の映りこみ、緑の広場への太陽の熱と光と吸収、包まれた様々な反射透過係数をもつ皮膜により微妙に熱と光が調節され、風や大気が通過する。

線路が数多く集積するハドソンヤードの上部には水を湛えた水盤が二重に重なり、雄大に拡がる空を映し出す。そこにはギャラリー、レストラン、カフェが配される。ここからはハドソン川の流れや遠くに広がる海を見ることができる。またハドソン川を行き交う船からはこの傾いたグリーンスクエアや水盤から落ちる滝の水を見ることができるであろう。本来の自然と人工の自然は呼応し、都市に新しい息吹を与え、より豊かな環境を人々に提供する。

ハイラインという都市構造の死は再び蘇り、その波動はハイラインの流れる経路を中心に拡散していき、多くの人々を惹きつけ、このエリアを活性化させていくことであろう。

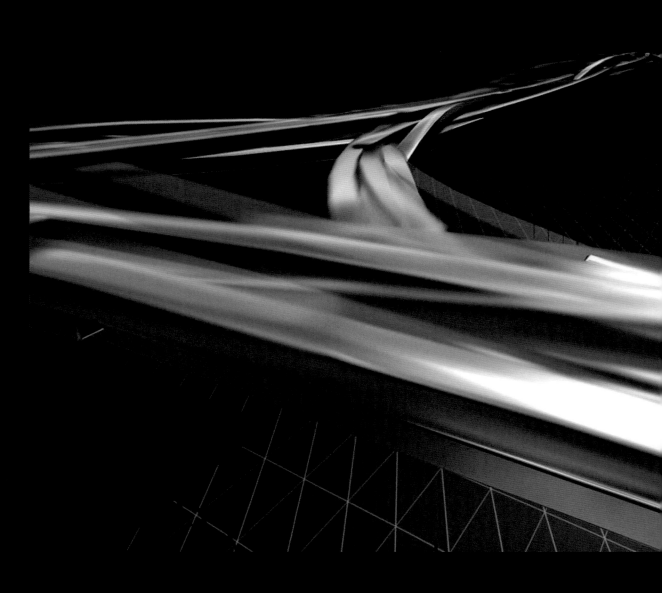

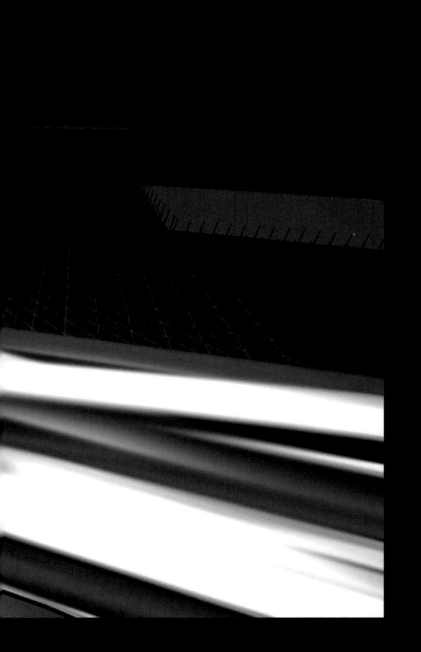

Racing Fluid Forms

Kyoto, Japan, 2004

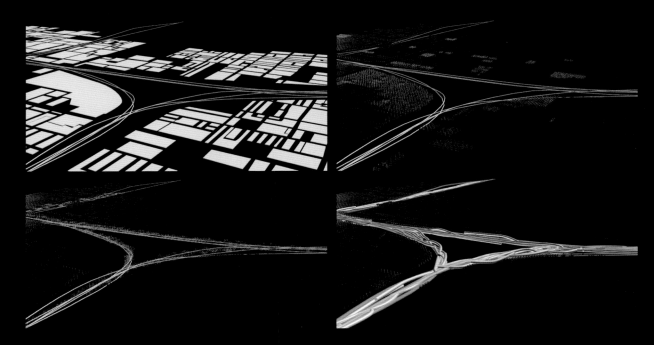

京都は1200年以上の歴史が充満した都市である。そのため、もはや既存の場所には開発をおこなう余地はない。唯一、鉄道が走る線路の上部が残された余白である。この余白に新しい都市を建設するプロジェクトである。周辺の土地との等価交換によって、この余白に新しいヴォリュームを形成させ、代わりに周辺に新たな余白を生じさせるものである。「参照空間としてのサイバースペース」における生成モデルと壊変モデルと同様なプログラムによって、ヴォリュームが水平方向に生成される。

こうした等価交換された駅周辺の土地は、大きな緑のスペースとして都市の新たな余白を形成する。流動的な線路の形状は、新しい都市の形式である流動性と呼応し、都市のエネルギーを集約させるヴォリュームを形成させる。これら線路に沿って、水平方向に伸びるヴォリュームは、歴史的な都市構造を浸食し細切れに分解していく開発ではなく、歴史的な都市構造を維持しながらも、新しい流動的な都市構造を接木するものである。こうした新旧のダイナミックな対比は都市のエネルギーを引き出し、新たな京都の魅力を世界に発信することができるであろう。

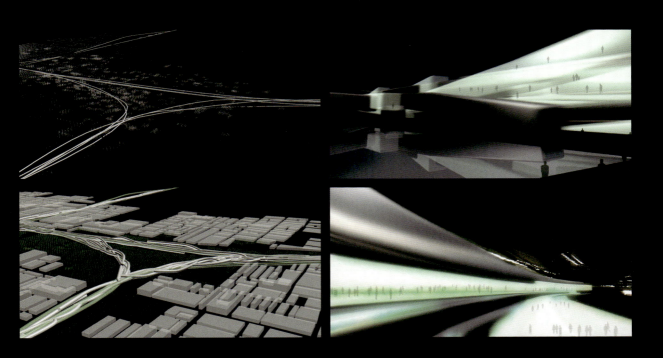
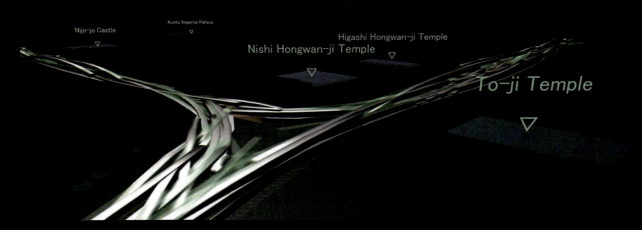

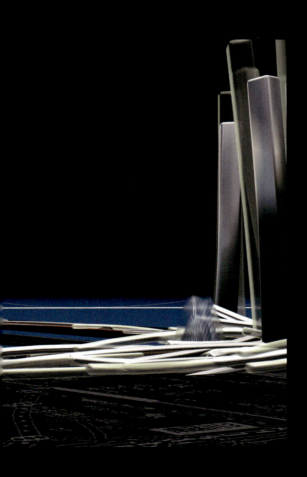

Skyscraper-Shinagawa

Tokyo, Japan, 2006

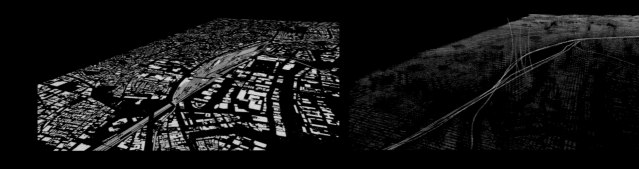

東京は世界最大の人口規模の都市圏を形成し、GDPでは世界最高である。過密でエネルギーの充満した都市である東京に唯一残された都市の余白としての線路上の土地を有効活用する。周辺の土地との等価交換によって、この余白にヴォリュームを形成させる。「参照空間としてのサイバースペース」における生成モデルと壊変モデルに類似するプログラムによって、ヴォリュームが線路に沿って水平方向に伸び、結節点で垂直的に立ち上がる。等価交換された周辺の土地は緑のスペースとして都市の新たな余白を形成する。流動的な線路の形状は都市のエネルギーを集約させるポテンシャルをもっている。この新しい流動的なヴォリュームは、新しい都市の形式である流動性と呼応し、新しい東京のシンボルとなる。モダニズムの残骸である柱梁構造のグリッドに執着する都市から新しい流動的な構造形式への転換を示し、新しい東京の魅力を世界に発信するであろう。

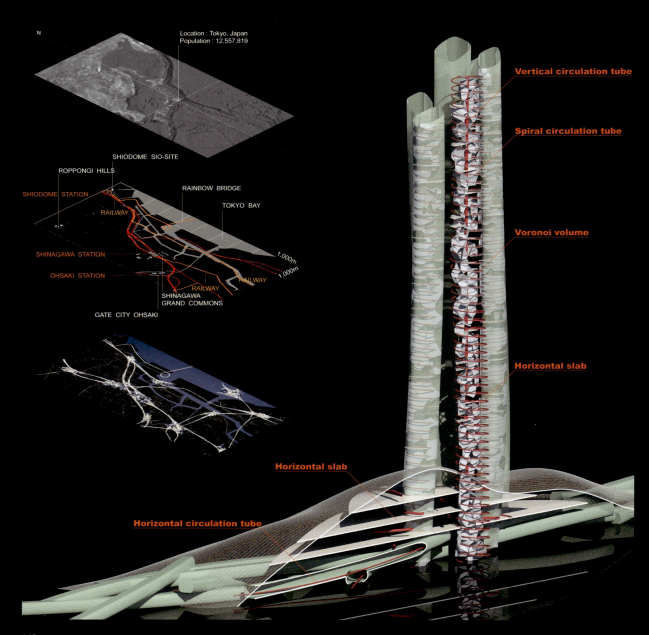

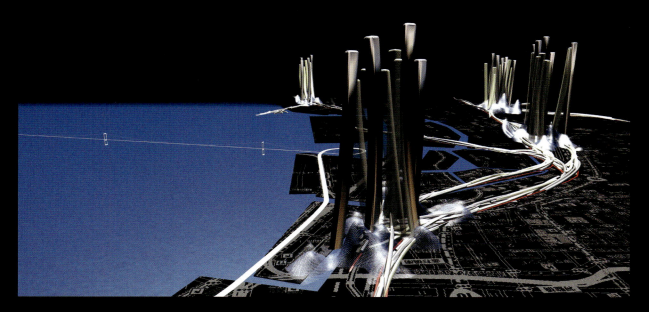

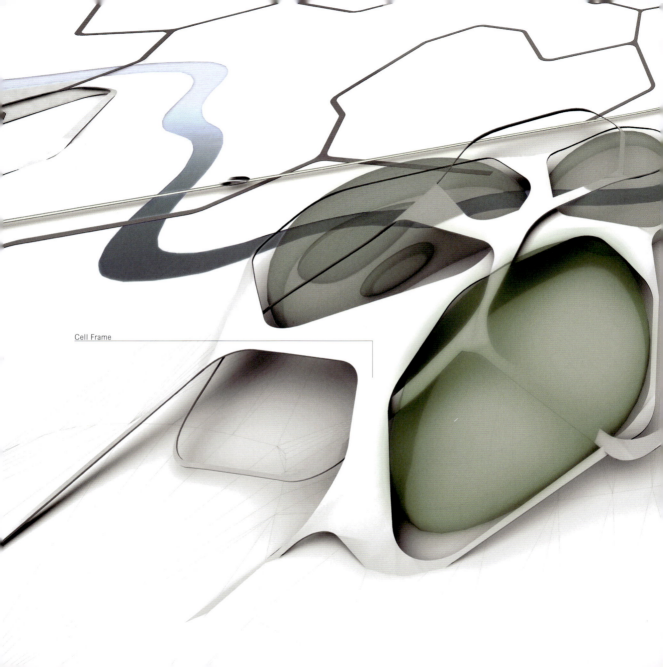

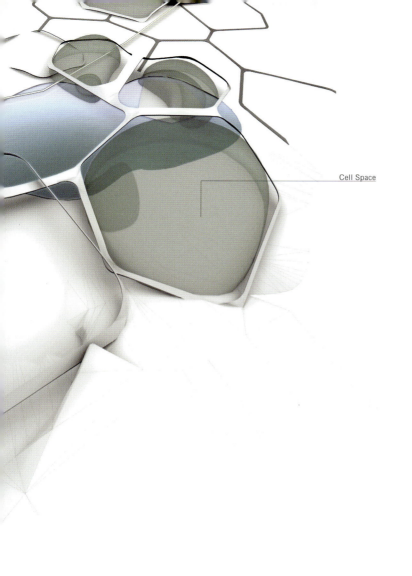

Cell Space

Green Cell Park

Seoul, Korea, 2009

Interaction with Time

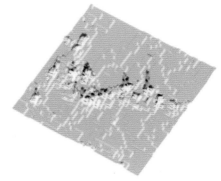

環境問題のためのテーマパークである。ここでは、建築自身が生態学的な存在となる。建築と敷地の共生概念に基づき、時間に対して対応するインタラクションを存在させている。敷地全体への施設の段階的な進化と拡大は、生物学的な発展システムを模倣している。初期値として部分的に存在した Cell が、時間変化によって、地形に適応しながら、敷地全体に及んでいく。
Cell フレームは敷地の各々のゾーンを繋ぎ、輸送という機能として遊歩道や自転車トラックとして現れ、オープンスペースを結ぶ。Cell フレームは、電気や雨水の蓄積と分配の回路でもある。雨水を効率的に集め、貯水池に保管させ、水位の違いによって電力へと変換させる。また、Cell の交差は、内在／形式主義、機能／スペース、動物／人間と reality/virtual という二項対立を脱却するものである。すなわち Cell フレームどうしが相互に貫入することによって、多様で複雑な機能スペースが生産され、豊かなスペースを生み出す。

Introduction of Cell Concept

Cell Structure

Biological Cell

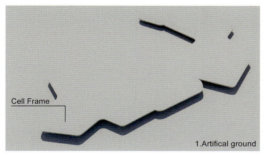
Cell Frame
1. Artifical ground

2. Upheaval

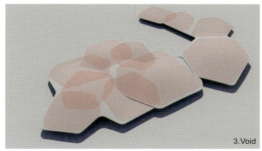
3. Void

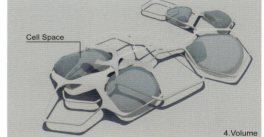
Cell Space
4. Volume

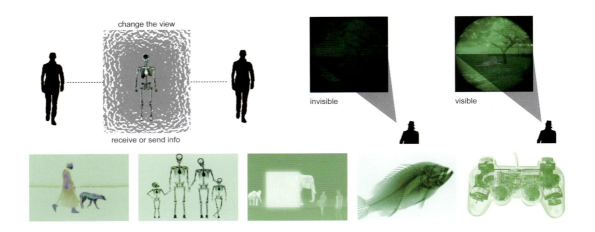
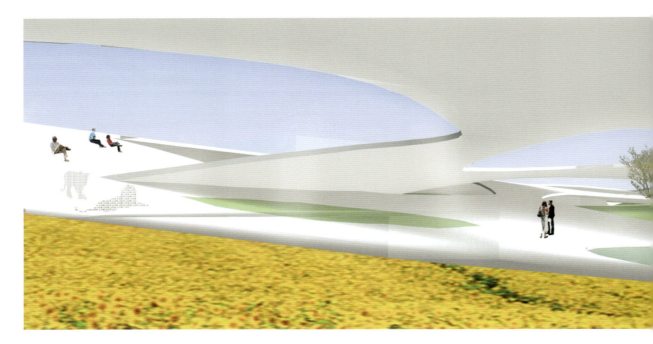

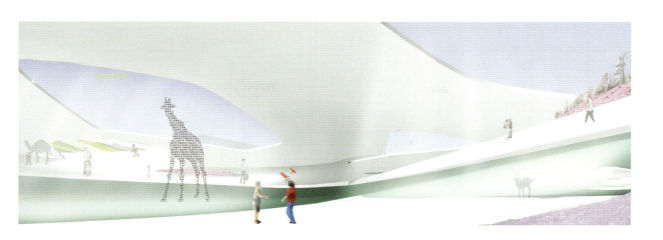

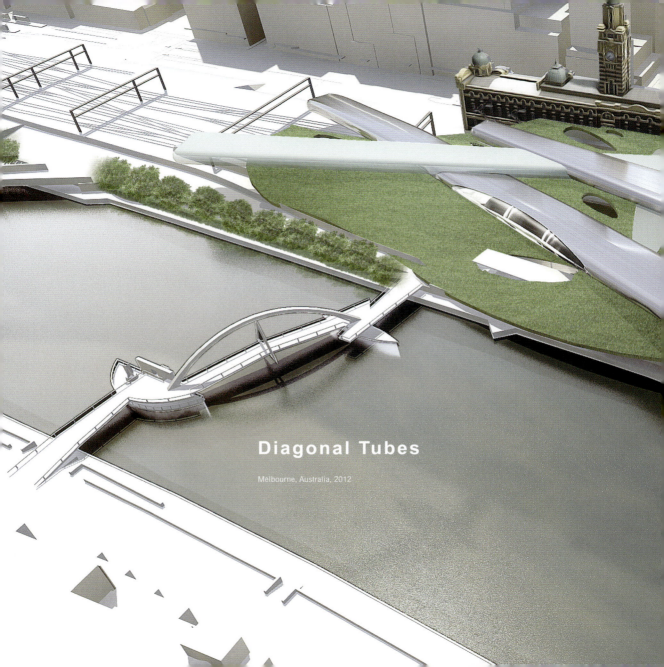

Diagonal Tubes

Melbourne, Australia, 2012

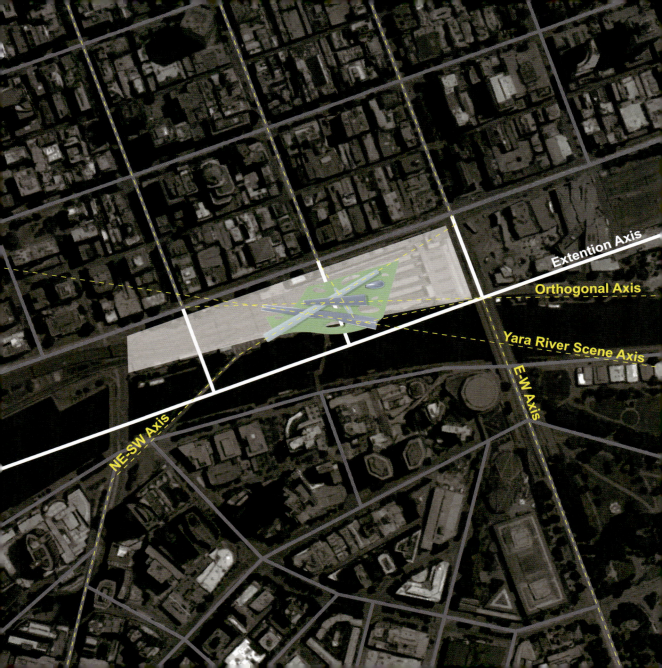

デザイン戦略は、伝統的な建造物を保存しながらも、過去のデザインに埋没し、後ろ向きで、すぐ陳腐化してしまうデザインにならないように配慮するものである。新しい時代を切り開くデザインとし、はるか彼方の未来においても陳腐化しないデザインとしている。

この敷地周辺には、北側にオフィス街が拡がっている。この駅の敷地に緑の広場を形成すれば、付近を流れるヤラ川と相乗効果をもちながら、都市の中で豊かな自然を感じる場所を提供することができる。線路上は鉄道企業のものだが、都市構造上、まったくの空白地帯としての存在である。この空白が都市の南北の連続を分断していた。都市を新たに活性化させるために、この今まで誰も手をつけなかった空白を最も有意義に使うことが求められている。

提案は以下に要約される。線路上に人工地盤を設け、パブリックな緑の広場にする。公園という面的な拡がりは、都市に人々の憩いの場を提供するだけではなく、南北の連続を提供する。この提案は鉄道企業のもつプライベートスペースを緑の広場というパブリックスペースで覆い、プライベートスペースとパブリックスペースを混在させた複合スペースへと大きく転換させるものである。

またこの人工地盤は、豊かで荘厳なスペースを形成する。人工地盤に包まれた駅のプラットフォームのスペースに天井から光が差し込む。人工地盤上には、サーキュレーションを担う2つのヴォリュームを中心として幾つかのヴォリュームが配される。

レストラン、カフェ、店舗という機能はこのパブリックスペースである緑の公園と絡むかたちで配置され、隣を流れるヤラ川と相まって豊かなスペースを獲得することができる。

北側の都市構造は南北軸・東西軸から構成されるグリッドをもとに形成されている。この北側の都市構造は線路のゾーンに対し、対立し分離したものとして存在している。また川を挟んだ南側の都市構造は、ヤラ川の有機的な軌跡と線路の描く有機的な軌跡とが影響を与え、北側の都市構造とまったく異なる構造を呈している。いわば、今回の計画敷地は、メルボルンの都市構造において特異な場であり、歴史的、コンテクスト的に重要なポイントであると言える。

したがって、ここに新しく建設されるべき建物は、この特異な場にふさわしいものでなければならない。建物の形状は、ヤラ川や線路といった有機的で流動的な形状を踏襲するべきであると考える。こうした流動的形状を導入することは、厳格な格子状の論理から外れることを可能とする。すなわち、敷地を対角線状に横断することができる。この二つの軸からなる構造は、南北の都市部分を繋ぎ、両者の都市部分を統合する。この構造は新しい都市デザインとして、既存の都市に強い刺激を与えるであろう。また新たな建物が都市の景観を破壊しないように配慮している。人工地盤の緑の広場が建物のヴォリュームを和らげるよう計画している。この緑の広場はヤラ川と調和し、対岸からの眺望は美しく、新しいメルボルンの景観を形成する核となるであろう。

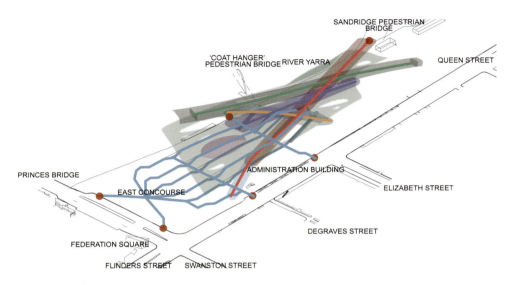

輸送機能

東西に流れる鉄道の線路は都市の南北の流れを分断する。

線路があるために、必然的に列車を乗降する人々の動線も線路に平行に配置されねばならない。

そのため、現在のサーキュレーションは東西軸に走る線路に抑制され、硬直した平行な人々の流れとなっている。

東西南北への連続性を拡げることは、この計画にとって重要な事項である。敷地に 12°振った軸を用意し、この軸上にヴォリュームAを配する。この軸と直行するヴォリュームCを配する。これらに南北と東西を繋げる働きを持たせる。敷地を対角線状に横断する長いヴォリュームAの動線が南北を繋げ、同時に東西をも連続させる。

東西に走るプラットフォームから、鉄道の乗降客の流れは上部のヴォリュームCへと連続した後、ヴォリュームAへと連続し、南北へと繋がる。このことにより、東だけに流れていた鉄道の乗降客の流れを南北の流れや西への流れへと向かわせることが可能になる。

都市の文脈に沈殿したものは大切にしなければならない。今回の提案は時間の鮮明化である。過去と未来が互いに尊敬し合えるような計画を私は提案したい。
残すべき既存の施設は、改変することなく残すことにしている。伝統的な駅舎の屋根は、敬意をもって注意深く保存される。それらは人工地盤の流動的な覆いと重なり合い、新旧の対比を見せ、美しく保存される姿を見せるだろう。
一番早く建てられた最も長い屋根は人工地盤を突き抜けて、人工地盤上の緑から現れる。自然の緑の広場に穿たれた穴から、その姿を人々に見せる。この保存すべき屋根には、まるでショーケースにあるように、美しい効果が与えられている。この伝統的な意味を持つ屋根は新しく建てられる建物との強いコントラストを示すに違いない。北側の古典的で直線的な建築物と未来的で流動的な建物とは、美しいコントラストを示す。それらは互いに敬意を示し、過去から未来への時間の流れを美しく連続させる。

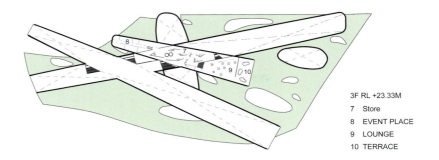

3F RL +23.33M

7 Store
8 EVENT PLACE
9 LOUNGE
10 TERRACE

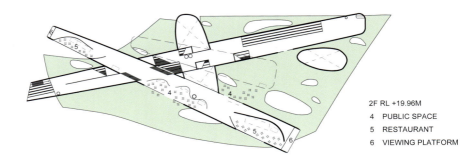

2F RL +19.96M

4 PUBLIC SPACE
5 RESTAURANT
6 VIEWING PLATFORM

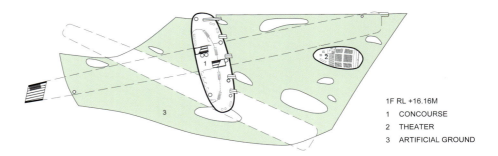

1F RL +16.16M

1 CONCOURSE
2 THEATER
3 ARTIFICIAL GROUND

Piling up the Green Cuboids

Kinmen, Taiwan, 2013

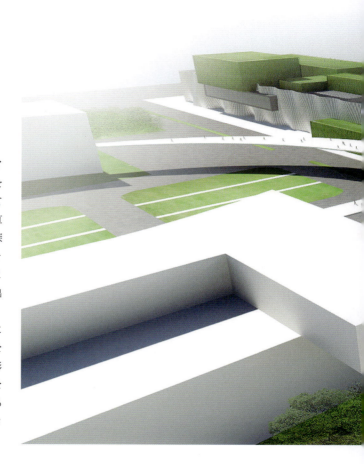

積層された緑の直方体

私たちは台湾の金門ポート・ターミナルのために、ダイナミックでエコロジカルな3次元的に都市化された場を提案する。この計画では、建物を自然環境に呼応させている。この都市化された場に、風の道を水平および垂直に設置する。いろいろな所から呼び込まれた風は建物深くに導かれ、内部を駆け抜けていく。複数の直方体ヴォリュームを重層させ、内部に影の多い場を形成する。このことで、夏場の熱い環境においても涼しい場を生み出すことが可能である。

連続した幾つかのグリーンの直方体で構成された建物にすることで、敷地全体を立体的に緑化している。敷地を越えて、敷地周辺の公園に流れるような緑のベルトを形成する。こうした緑の連続性は、エコロジカルな効果を与えると同時に、環境に配慮する強いメッセージでもある。こうした3次元化された緑の場は、ここを訪れる人々に安らぎと同時に強いインパクトを与えるであろう。

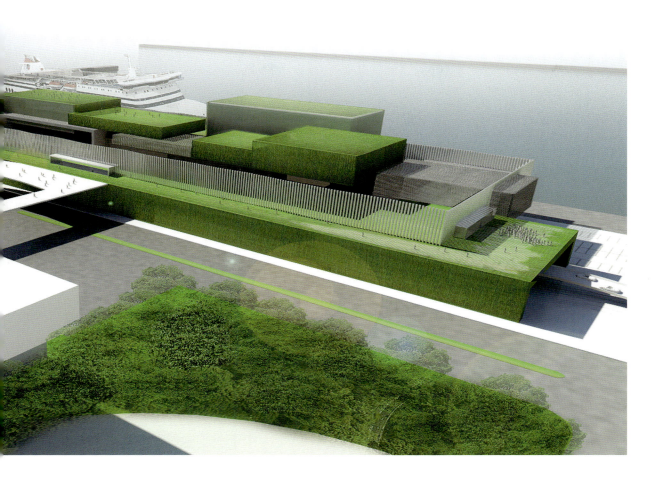

機能とプログラム

最初に、ダイナミックな動きを可視化するために、ベクトルをもつ無数の点の集合を用意する。敷地の文脈を動的に分析するために、これらのベクトルをもつ点の集合を最初に、敷地全体に配置する。これらの点は、最初、ニュートラルな位置に存在するが、その後、最適な位置に向かおうとする。それらは外部コンテクストからの影響および内部プログラムからの影響を受けることで、点の集合は最適な位置に再配分されていく。

点の集合は、機能およびサーキュレーションにより、最適な容量と位置を求めるようにプログラムされている。ベクトルをもつ点の集合は、このプログラムによって位置が決められ、各機能の容量によって分節され、ヴォリュームとして可視化される。

内部の機能だけでなく、外部への眺めによる影響を受けることで、点の集合としてのヴォリュームは、水平方向、垂直方向へと、上下や内外に押し出されるなど変位していく。

これにより、全体のヴォリュームの配置が決定される。

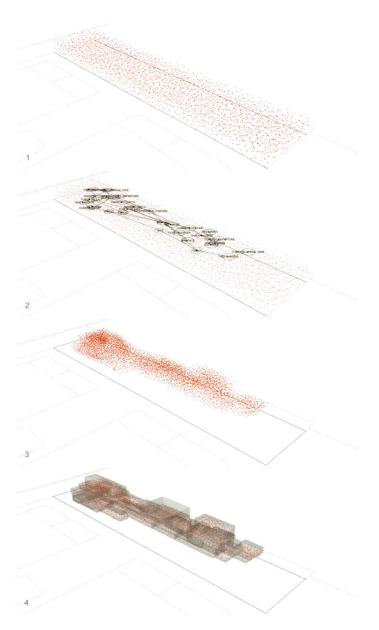

風の道

敷地に対して南西から発生する風の影響を計画に反映させている。風の流れが建物内部に導かれるようにヴォリュームが配置され、東西方向に風の通り道が建物内部に形成される。採光を建物内部に採り入れるため、垂直のヴォイドが形成される。これにより、光の井戸がつくられる。また、垂直のヴォイドが形成されることで風の道が垂直方向にも拡張され、建物全体に風が広がっていく。

緑の直方体と水盤

敷地面積33000㎡の73％の緑化と22％の水盤を形成することにより、敷地に立体的な庭園を構成する。

建物のそこかしこで自然の豊かさを感じさせるであろうこの緑のヴォリュームは、屋根、壁のサーフェイス全体の緑化をおこなっており、いたるところで立体的な緑を感じることが可能である。
こうした多くの緑の場はパブリックにも公開されており、各種のイベントを開くことが可能である。

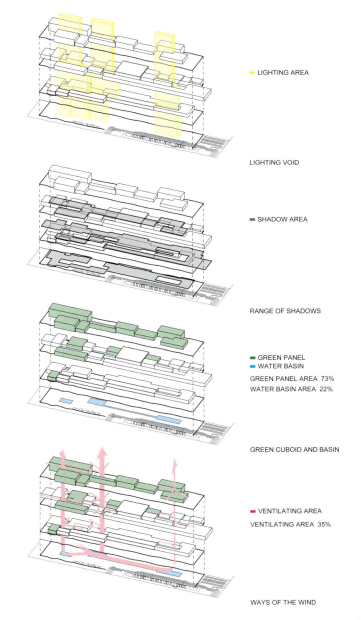

Program + Agent

エージェント

西欧世界における美は、数比から始まり、形式性、全体性、論理性として位置づけられてきた。しかし、今や、統合が引き裂かれ、完全性が破れ、そうした古典的美は成立しなくなりつつあるのだ。確かに、現代においては建築をつくるということは一般解で済ますことは有り得ない状況になってきている。ならば、多義的で永遠性を消失した時代において、求めるべき空間はどこで現象するのか。

多義性は欲望の拡散を前提とする。高度な社会の生育とともに欲望は流動化し、拡散していく傾向にある。こうした拡散された欲望によって一般解が成立不可能となり、特殊解という選択を取らざるを得ないのである。欲望にまみれた多義性を追求することの問題とは何か。こうした問題はコスモスと機能主義の対立という近代が引きずっている問題の延長にある。

西欧におけるフォームとその生成をめぐる議論は、プラトン的イデアとアリストテレスのデュナミス・エネルゲイアの対立から、カント、ゲーテ、ヘーゲル的思考へと発展していく段階において、それら二つの対立の繰り返しであった。

ルネサンスの時代までは、西欧における建築の制作主体は、イデア的な神の存在であった。

アテネのアクロポリスは、プラトン的イデアとしてのプロポーションが実体として現前しているものであり、プラトンが絵画や彫刻はイデアを二度コピーしているという意味において、建築を最も重要視したことの表れであり、モデルである。

ローマのパンテオンは、統合者としての建築家はいない。それにもかかわらず、単なる光と影というだけではない統合されたシステムがあり、全てがプログラムされ、建築が成立している。

ブルネレスキにとっては、イデアがテクノロジー（テクネ）を生み出していく、発展的、生成していく出発点である。フィジカルなシステムを形成し、最終的に形象化し、物質化していく。プログラムはその間に存在する。サンタ・マリア・デル・フィオーレ大聖堂のクーポラは、フォームがテクネによって成り立っているのであるが、フォームがテクネを表してもいる。テクノロジーは結果である。それだけではなく、人間の願望・欲望を整理し、組み立てている（プログラム化している）。つまり表象しているのである。

パースペクティヴ（表象）の登場は神の視点とパラレルにあり、神の座から見るという、コントロールの発明であり、あらゆる全ての客観的なobjectを支配するという権力構造の発見であった。西欧のパースペクティヴは一点からの支配構造、権力構造を表す。それは、神の視点を人間が手に入れたことを意味する。それは人間の欲望が世界の頂点となることを可能にした。ルネサンスは神から人間への権力の委譲であった。

現代のアルゴリズミックなプログラムを進める急進グループの人たちにはそういった視点がある。テクノロジーはどんなことでもできるのではとの過信があり、錯覚しているところもある。

建築の目的が社会をつくるというのは近代的な考え方であり、元来、宇宙のモデル、神のモデルとして、自律した建築の内部性を極めることに建築の目的があった。

しかし近代は、subjectとobjectとの分離を前提として、社会を加速させる新たな建築モデルを提示した。

今日、楽観的すぎるぐらい、コンピュータの単純な適応だけで、

全ては解決できると信じきっている人も多く存在する。複雑な新しい幾何学の演算が容易になったため、例えば最近の幾つかの作品には、イデアの押し付けに他ならない建築、すなわち単なる複雑な幾何学を当てはめるだけの意味の無い建築も現れている。フランク・ロイド・ライトのグッゲンハイム美術館と比べてみると、レベルの違いは明白である。グッゲンハイムにおいては、機能にまで問題性が及び、数的秩序原理シンメトリアは用途の秩序原理であるコスモスと融合し、一体になっていた。

確かに、コンピュータ・テクノロジーによる演算能力の向上により、線形、非線形を問わず、複雑な条件も解析でき、視覚化する可能性が開かれている。

従来、建築の視覚的問題として一義的に扱われてきた数比という数学的関係といったものが、コンピュテーションの進展により、数学、力学、物質性などとの関係性で捉えなおすことが可能になった。

しかし、ほとんどの建築家は、建築の現実の問題、すなわちクライアントの欲望、社会の欲望、機能、経済的な動向などといった人間のアクティヴィティを汲み上げようとしているだけである。アーキテクチャー自身の意味を捉え直す根本的な試みはなされていないのが現状である。西欧の伝統的な数比原理によって、一義的に扱われてきた建築の内部性が解体していく現代の状況において、建築の内部性と外部性を巡る問題を思考し、アーキテクチャー自体を再構築することが求められているにもかかわらず。

テクノロジーをどこに適応するべきかという問題は、いまだ建築のテリトリーにあり、建築化の対象として何を選択するべきかといった問題と同じところに回帰する。安藤忠雄は機能的に影響を及ぼさないスキマの部分；廊下・階段において建築的意義を見出し、そこを分節し建築化していった。近代建築は建築の内部プログラムにはあまり手をつけていない。というよりはむしろ、機能主義によって全てを極度に抽象化しようとする原理によって、内部プログラムがかなり限定的なものとして形成され、空間がつくりあげられていたと言える。そして資本主義や合理主義と結びつき、より過剰になっていった。こうした抽象化によって多くのものが排除されたのである。元来、建築の優位性は統合に存在する。建築家は、その優位性に立って、全てをコントロールしてきた。

アーキテクチャーは統合そのもので、全てをコントロールしようとする性格のものであると看做すと、以下の疑問が生じる。調和などという外的世界と内的世界とを連続させる役割はそもそも持てない存在ではないのか。建築と世界との調和や、建築自身の浄化などそもそも困難ではないのか。アーキテクチャー自体が、唯一の存在として敷衍させる存在ではないのか。

われわれはアーキテクチャーが、こうした宿命を帯びた存在であることを再認識すべきである。アーキテクチャーという存在は全てをひとつの価値のもとにプログラムしようとするからだ。そうしたアーキテクチャー自身の欠陥を修復した新たな存在形式、内部性と外部性とが連続する役割としての交換形式、最も基本的なマザーとして存在するシステムを求めるにはどうすればよいか。

ここでは、エージェントをアバターとして既存のシステムに滑り込ませ、壊変させ、別の存在へと転換させていくことを

試みている。これは既存のアーキテクチャーとは異なる存在である。いや、それ自身もまたひとつのアーキテクチャーなのかもしれない。

Breathing Factory

Osaka, Japan, 2009

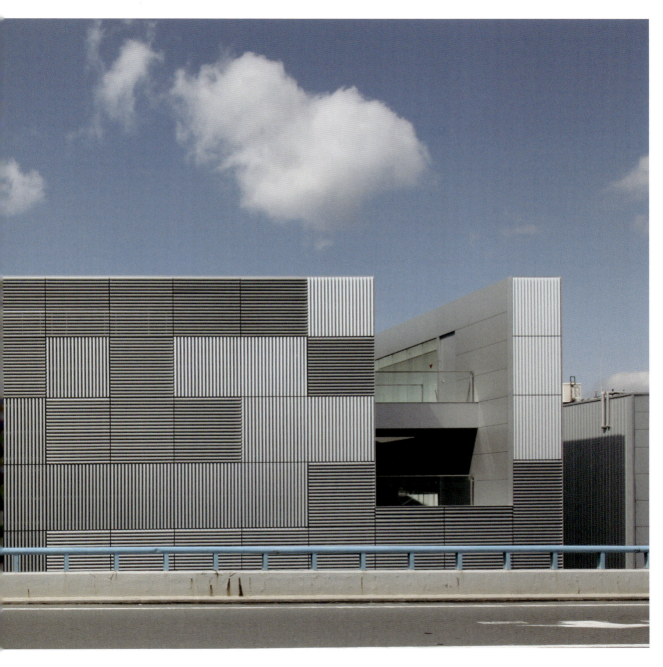

敷地の東側には京阪間を直結する高架道路が位置し、南側を走るJR東海道線と交差する。高架道路のさらに東側には操車場が茫洋たる拡がりを見せている。
周辺には、中小の工場・倉庫・商業施設が住宅に混じって立ち並び、雑多な風景が拡がる。

クライアントは医薬品の安定性試験のための機器・装置を設計・開発する企業である。計画は工場の建て替えであり、既存工場の一部を残した第一期と、後に、全ての建替えをおこなうという二段構えのプログラムが要求された。そのため、第一期、第二期ともそれぞれ完結するようなデザインが望まれた。

1Fはホール・会議・応接室・管理オフィス、倉庫で構成されている。2・3Fは制作部門・開発部門の作業スペースが機能的に集約し、それらは作業用リフトで垂直に繋がれる。4Fは設計・開発研究のためのオフィスと、様々なセミナー・会議に対応できるような集会スペースが、大きなワンルームに配されている。

工場特有の醜悪な設備配管群を露出させないよう、建物全体は繊細なアルミルーバーによる皮膜で被われている。メンテナンスのし易さ、ルーバーの開口率などの検討の上、設備配管群はルーバー背後のスペースに納められている。

ここでは、周辺環境に対し、工場という無味乾燥なヴォリュームの威圧感をできるだけ軽減しようと試みた。
そのため、角度をもったアルミルーバーを、数学的法則に則って水平・垂直の方向性を変えながらランダムに配列させている。

幾つかの水平ルーバーには移りゆく雲の流れや青空の様相が浮かび上がり、夜には行き交う車の明かりが映し出される。垂直ルーバーにおいては、近傍からではエッジの強いセグメントの連続として見える印象が、遠方からでは軽やかな面として認識され、視点の位置によって、分割された面は表情を変えていく。変化する自然や周辺環境のシーンを投影させるこの皮膜は、抽象的な存在感を保ちながらも、その印象を周辺に対し断片化させ、溶け込ませていこうとする構えを見せる。

また、3・4Fのリラックススペースに接するヴォイド（光庭）は、豊かな眺望の獲得を睨みながら、山並みと空に連続するように水平・垂直に穿たれており、そこに配されたテラスやバルコニーを介して、自然は建物内部に深く進入する。内部ではガラススクリーンが幾重にも重ねられ、日々の活動の豊かさが虚像のシークエンスとして反射し、単調になりがちな工場空間を充満していく。

Facade Diagram

サーフェイス上の異なる角度をもったアルミルーバーは、フィボナッチ数列に則って水平・垂直の方向性を変えながらランダムに配される。

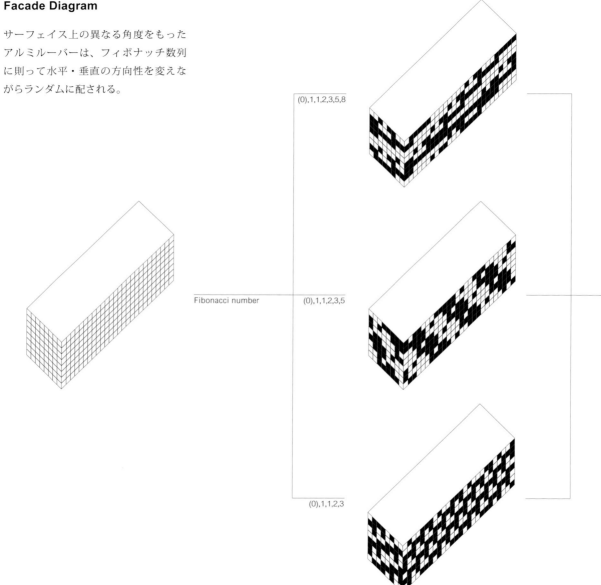

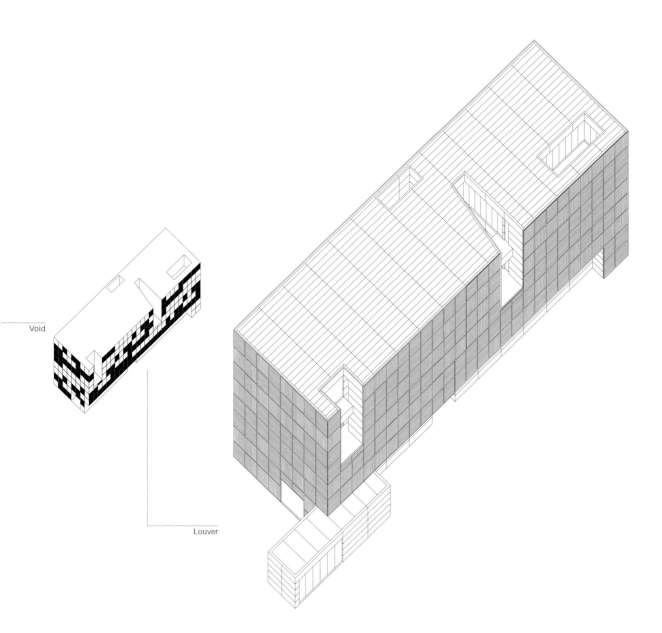

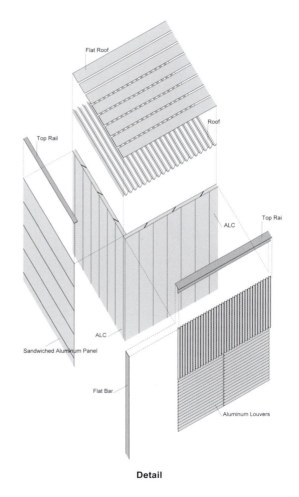

Detail

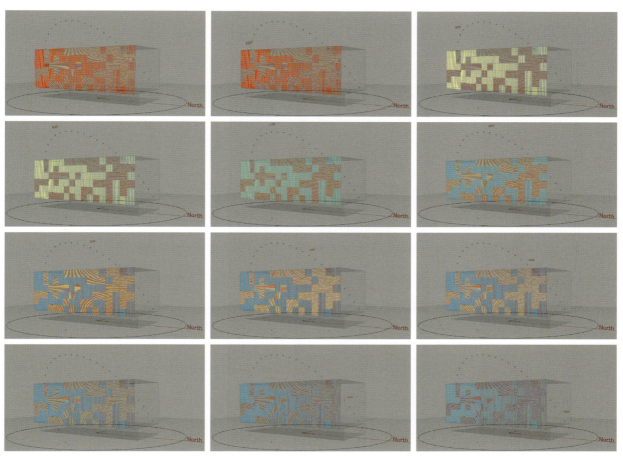

Simulation of Reflection

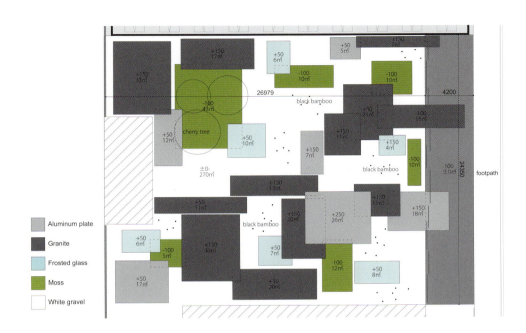

京都の石材店のための庭の計画案である。道路に面している資材置き場と駐車場が、周辺に良くない景観を呈していた。この企業のイメージを向上するため、美しい庭の計画が依頼された。

庭全体に玉砂利を敷き詰め、その上に黒御影や白御影の石盤を浮かして配置したものである。ところどころに矩形の苔の場も設けている。それらは、レベルを少し違えてランダムに配されている。

この庭は、いわゆる日本の伝統的な庭ではない。日本の伝統的な作法は、主観と直観の内に閉じており、筆の動きが示すように、全てが連続するものである。しかし、現代の日本庭園は伝統の中に閉じこもり、それ以上の発展を拒んでいるかのようである。私は、旧来の伝統を越えた新しい挑戦を試みた。操作的な視点を挿入し、プログラムによって不連続な形態群を生成しようとした。それでいて日本的な感性を感じさせようとしたものである。

S Building Renovation

Geneva, Switzerland, 2011

スイスの本社ビルの外壁改装の指名コンペティションである。こうした改装計画において もコンペティションがあることにスイスの建築に対する意識の高さに驚かされる。この建 物が、リニューアルによって、この街の人々に認識され、ここで働く人々のモチベーショ ンを向上させることを求めた。計画では、建物が、異なる時間・空間での見え方が異なる ように考えた。すなわち遠近の異なった距離から見た場合、昼間、日没前後、夜間において、 建物が異なって見えるようにファサードをデザインしている。建物の開口部のランダムな パターンと、青から緑への段階的な色彩のアクリルガラスのユニットのランダムなパター ンとが重ね合わされている。近距離からは個々の色彩の異なるユニットが明確に分節され たパターンが認識できるが、遠方からは、色彩の混ざったグラデーションのみが認識される。 また近距離の見上げの視線の角度と遠距離からの水平な視線の角度の違いによって、異なっ た様相を示している。すなわち近距離の見上げにおいては、下層部から上層部に向かって 色彩の濃度のグラデーションが変化していく様が見て取れる。また夜間の執務室の使用条 件によるまだらな内部光によって、外部からはランダムな光の模様が投影された表層が浮 かび上がる。また朝から夕方までの太陽光の進入角度の変化により、色彩と明度の変化が 内部空間を彩る。通常、執務空間は、労働効率を上げるために光の均一性が求められる。 ここでは効率性よりも、周辺の自然光の変化を感じることが、豊かな労働環境を与える上 で重要と考えた。

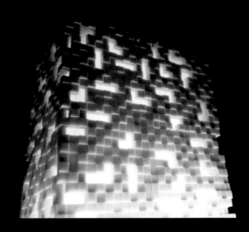

Model

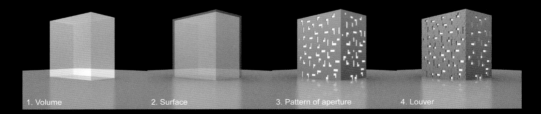

1. Volume   2. Surface   3. Pattern of aperture   4. Louver

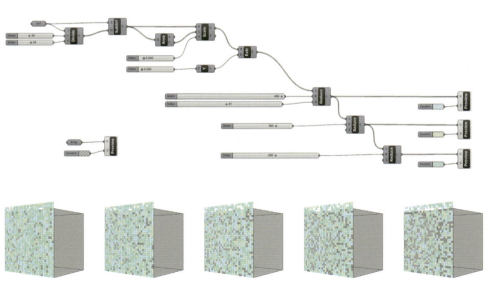

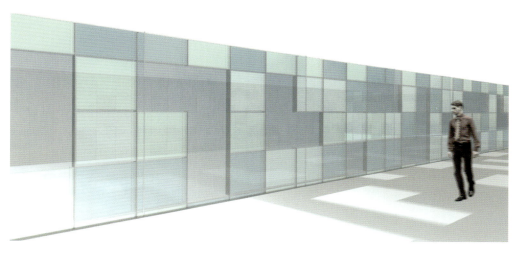

1. Main V-Frame : Steel Plate D=120mm T=10mm
2. Bracket : Steel T-Angle 252mmx150mm T=10mm
3. Main H-Frame : Steel Plate D=120mm T=10mm
4. LED Lighting Unit : Polycarbonate Panel
   760mm×720mm T=6mm
5. FIN : Aluminum Plate T=3mm

Parametric Fragments

Mie, Japan, 2011

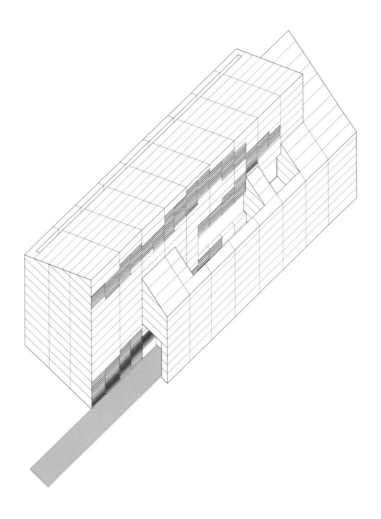

建物は主要躯体部と表層アルミパネルとのダブルスキン構造を持つ。夏場の輻射熱量を低減させるため、西側と南側には窓開口部を設けていない。また西側、南側壁部分と屋根部分ではダブルスキンの間隔を広めに取っている。このためダブルスキン内部を熱風は上昇し、ルーバーから外部へと排出される。

今回の表現は、一つの素材に対して、寸法、角度をパラメトリックに変化させることによって、部分が全体へと緩やかに連続していく非分節の形式をとる。マッスなヴォリュームを覆う外側のアルミパネルは、大きさを変え、徐々にフラグメント化しルーバーへと姿を変える。部屋開口部、屋根裏開口部、排煙窓、換気および空調吹き出し口の位置に応じてパネルの角度、幅、長さは変化し、開口率が決定されていく。

建物全体は大小異なる二つのヴォリュームからなる。ヴォリュームを相互にずらし、水平・垂直のヴォイドを貫入させることにより、建物内部に外部と連続する空間を形成させている。
東側の小さなヴォリュームを垂直方向に貫くヴォイドは、1階子供室・バスルームと2階ファミリールームに面する。それと直交する水平方向のヴォイドは、ダイニングにまで連続する1階テラスとなっている。この二つのヴォイドから光、風、風景が建物の奥深く浸入する。
自律した空間を確保しつつも、豊かな外部環境を取り込むために、開口のあり方が検討された。ダイニングとエントランスの二つの鉄扉を開放すると、稲田にまで一直線に伸びるテラスを通してのどかな田園風景が建物内部にまで飛び込んでくる。四季折々に見せる田園の表情やヴォイドに上から射し込む自然光、さらに敷き詰められた豆砂利を踏み締める足音がこのヴォイド空間に変化のある表情を与えていく。

リビングからファミリースペースにかけては、天井に設けられた長いスリットから注ぎ込む柔らかな光が内部空間を包む。日照の変化や時間の経過とともに、明暗のグラデーションが変化し、表情豊かな雰囲気が醸し出されていく。ファミリースペースからはアルミパネルの壁に挟まれた抽象的な外部の中庭を眺めることができる。

照明は西側の内部壁面に偏って配置させている。照明は無数の光のセグメントとして現れ、ランダムにフラグメント化することで、均一化されない光量によって空間の流動性と抽象性を一層増幅させ、空間の表情を豊かに演出していく。

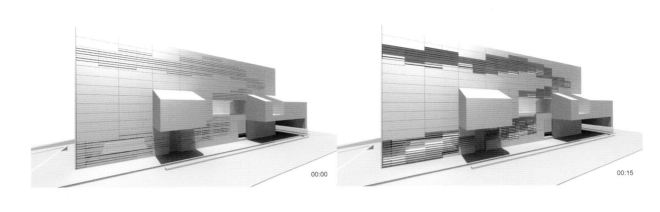
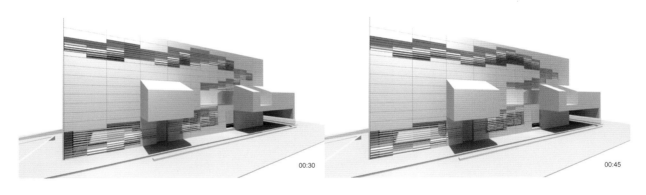
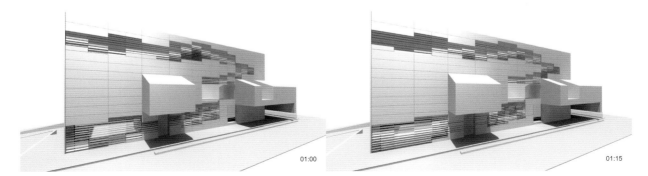

SECTIONAL DETAIL S=1:50

1. exterior wall : aluminumpanel, t=2 with alumite finish
2. louver : flat aluminum bar, t=5 with alumite finish
3. stringer : aluminum angle-5x50x50 with alumite finish
4. clear glass, t=12
5. ceilings : puttied cheesecloth on plaster boad, t=12.5 with white Acrylic Emulsion Paints finish
6. wall : puttied cheesecloth on plaster boad, t=12.5 with white Acrylic Emulsion Paints finish
7. flooring (family space) : aluminum panel, t=2 with aluminum finish
8. flooring (children's room) : wooden floor, t=12
9. gravel

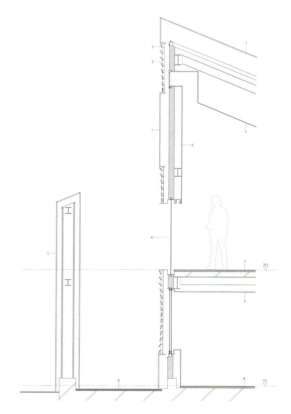

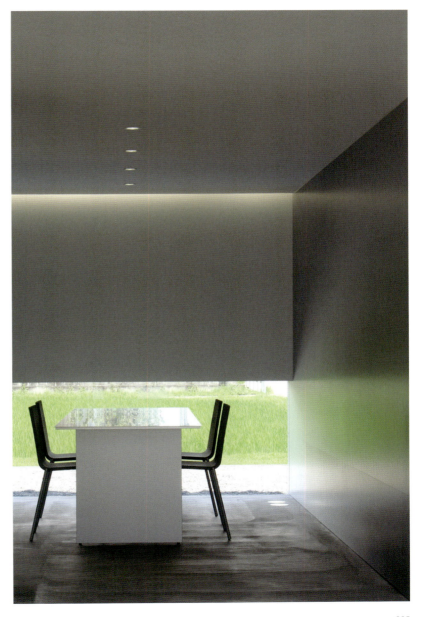

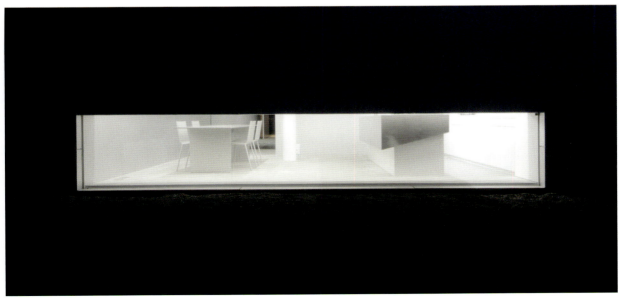

House in Sotogrande

Sotogrande, Spain, 2012

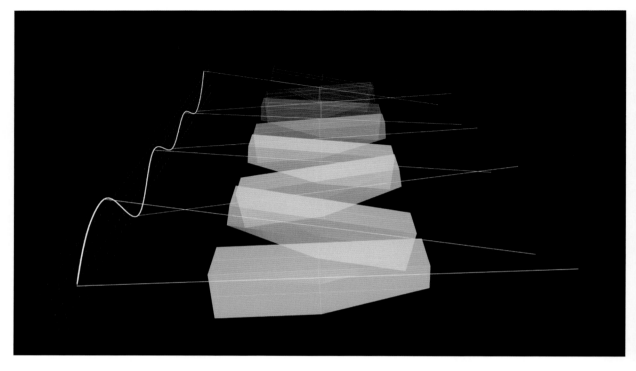

敷地は温暖なスペインの最南端に位置する。このエリアは歴史的建造物も多く、ガディス、セビリア、コルドバ、グラナダという豊かな歴史と文化に育まれた地である。周辺にはワールドクラスのゴルフ場、ヨットやクルーザーのためのマリーナ施設、乗馬クラブ、ポロ競技場などのセレブのためのレクリエーション施設が点在する。なだらかな丘陵地の斜面地である敷地に別荘を計画した。ここからはジブラルタル海峡越しの北アフリカの眺望や美しい海を楽しむことができる。

四つの建物は独立しながらも連結し、プライベートなスペースを隔離しながらも全体の機能が連続するように計画されている。離れた青い海を水盤へと景観的に連続させるように、敷地に人工的な水盤をつくることを計画した。そのまわりに屋外のテラスを配している。

四つの建物は様々な角度を持ちながら水盤と異なる関係を持つようにリズミカルに並べられている。内部からは水盤を通して、変化のある海を望むことができる。建物の両端は開かれ、光は異なる角度で建物内部へ侵入し、奥に行くにしたがって明から暗へと濃度を変える。建物の両端からは、青い空と紺碧の海という異なる眺望を楽しむことができる。こうした外部への眺望を考慮しながら、各機能は配されている。

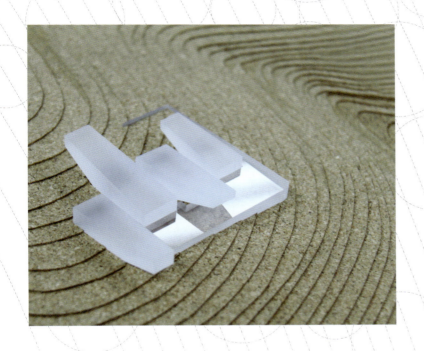

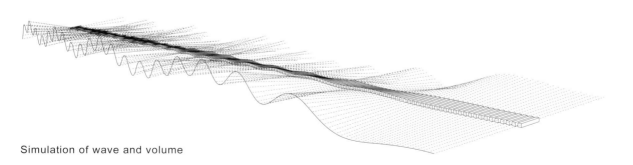

Simulation of wave and volume

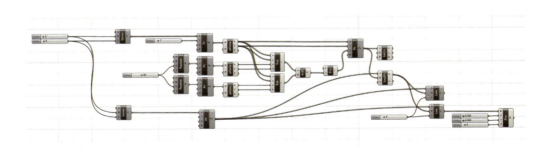

Pärnu Park Terminal

Pärnu, Estonia, 2014

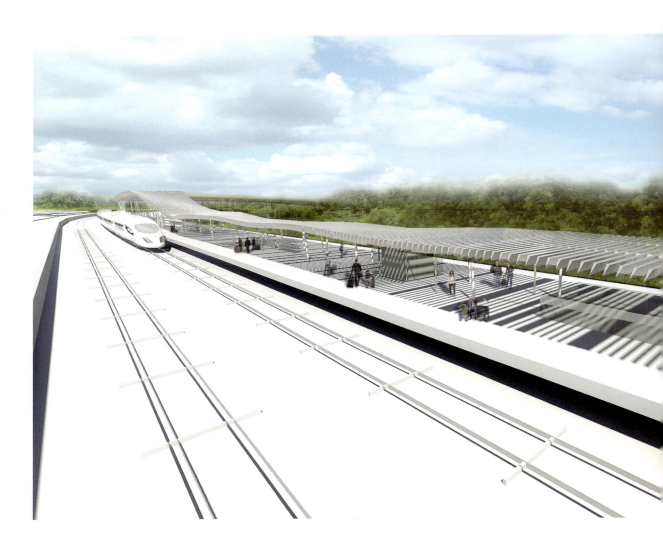

パルヌ駅

この計画は、公園のようなターミナルになることを目指した。

このターミナルは西側の街区と東側の公園の緑地エリアとの境界に建つ。この計画は両者を分断するのではなく、連続的に接続させるものである。

さらに、この施設は、パルヌ川沿いにレジャーゾーンとして計画される緑地エリアの重要な拠点になるだろう。

このターミナル全体は、統一感をもった屋根が覆う。この屋根は、東エリアと西エリアを一体化させ、ターミナルの機能に留まらない潜在的な多目的な活動を内包する。

屋根に穿たれたランダムな開口部を通して、開放的な空間に木漏れ日が落ち、森の中にいるような空間を生み出す。これらの屋根は、ターミナルと自然との関係を結びつけ、周辺環境を取り込みながらも拡張するインターフェイスとして機能する。

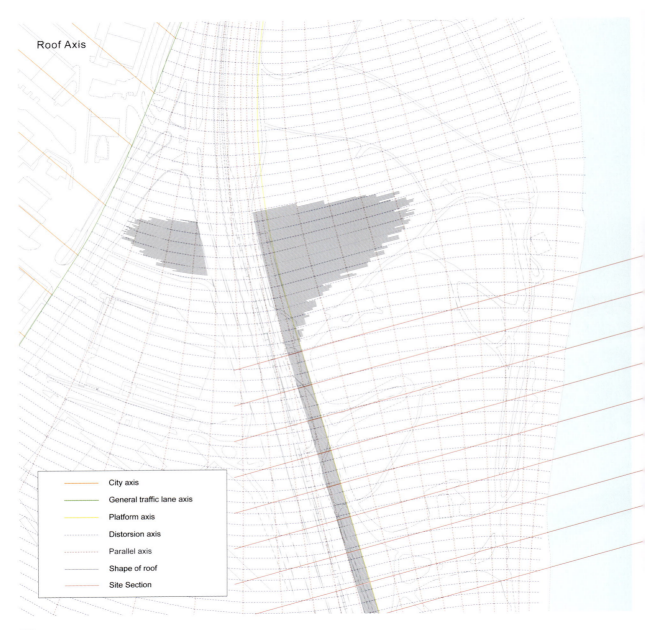

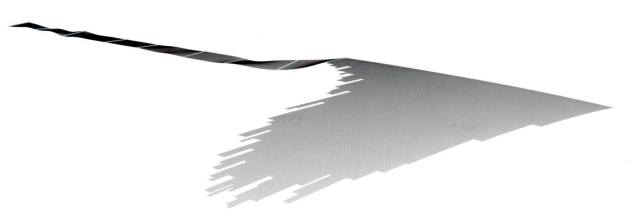

Site section　　　　Roof parameter

プログラムによって変換された場所性

私はこのプロジェクトにおいて、場所性の意味を捉え直したいと考えた。伝統的に場所性は建築の形成にとって重要なものであった。それは参照として建築に現れ、建築は場所との関係を探ってきた。

このプロジェクトでは、場所性は直観によってダイレクトに参照されるのではなく、プログラムに一度変換された上で、建築へと再投影させることを求めた。周辺の街区、鉄道、道路、パヌル川の平面形状や地形の断面形状などを、演算のエレメントとして抽出した。こうした地形の幾何学から抽出された曲線の連続的な変化を表すダイアグラムを作成しプログラム化している。このプログラムは駅を覆う屋根の形状に投影され、敷地の断面地形にしたがって、屋根の勾配は緩やかに変化する。

結果、屋根は、鳥が羽を拡げ、大地に舞い降りた姿として現れた。

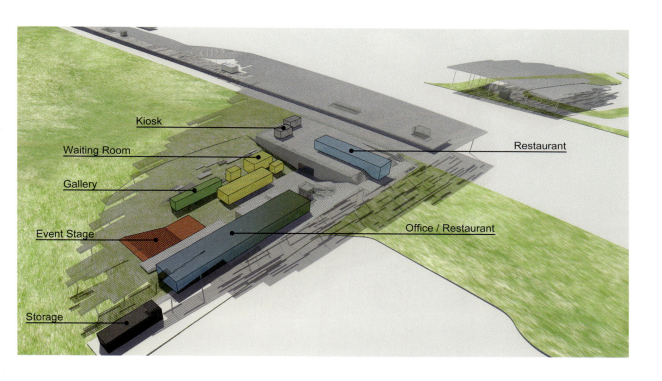

ターミナルは自然を統合するための装置である。

芝生に覆われた地面はパルヌ川に向けて、緩やかに起伏してゆき、そして緑地エリアと連続する。大屋根の下に、各機能のためのボックスが、機能の密度配分によって森の中にある家のように配置される。こうしたスペースを周辺の住民も利用することができる。そこでは人々の憩いの場や刺激的な場として活気あふれる場面が形成される。

起伏に沿って計画された階段状のステージや段状のギャラリーは、様々なイベントを受容し、多目的な活動に対応しながら、特別なポテンシャルの高い場をつくり出す。

すなわち、公園としての文化ゾーンを生じさせ、このエリアに集まる人々の憩いの場として活用されるであろう。

Sun Light

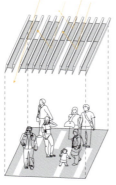

Many People/Open Roof

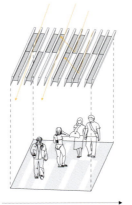

Few People/Close Roof

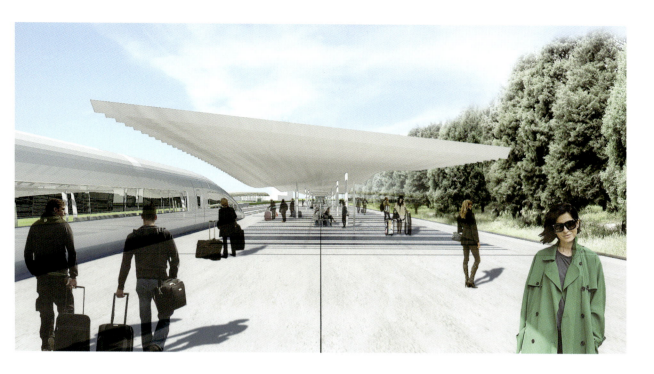

Detail

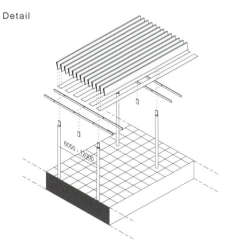

Louver section

Roof detail

Louver
Louver to block the direct sunlight
Aluminum

Panel
glass & aluminum panel
400mm×6mm

Beam
Support the weight of the louvers
& panels by a double beam
Steel 30mm×150mm

Column & Beam joint plate
Joint plate are rigidly connection to the Column

Column
Steel Φ200mm

S Hotel

Tokyo, Japan, 2014

Parametric Waving Louvers

ビジネスホテルの外壁部分のデザインである。経済合理主義から生まれる機能の充満したヴォリュームの乱立は日本の都市景観を醜悪にしている。こうしたことに日本人は気がついていない。利潤追求のために当たり前だと思っている意識を変革しなければ日本の都市景観は良くならないだろう。今回デザインが施されたのはベランダのみであった。通常の直線的なベランダを波形で構成した。ビジネスホテルの計画では、経営的観点から、建ぺい率や容積率一杯に建物を建てるのがならわしである。ここでもそうした法規制ギリギリの計画がなされた。そのため、建物に通常のベランダをつくることが不可能だった。そのため、建物の出隅の端部から波状に緩やかに伸びるベランダをデザインした。上層部を起点として、下層に向かって、その波形がランダムに変形するようにプログラムしている。ルーバーのリズミカルな波状は、優しい景観を周辺に与えることに対してのささやかな試みであった。

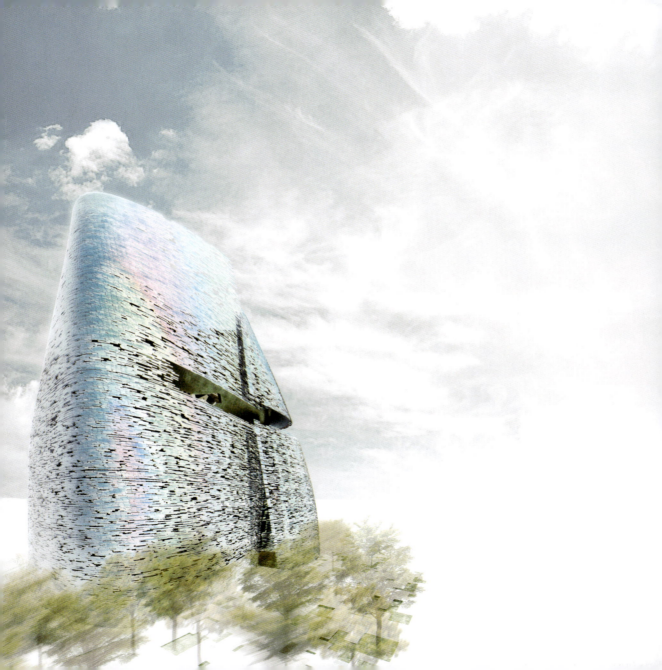

The Rainbow Library

Varna, Bulgaria, 2015

歴史的に、図書館とは貴重な書籍の収拾が主目的であった。そのため、閲覧室は重厚で、暗く、快適なものとは言えないものであった。

本を楽しく読むための空間がつくられなければならないという考えから、木漏れ日に溢れた森の中に佇み、湖畔の水面を見ながら、リラックスして読書ができるようなスペースが計画された。

人々が眺める角度により、建物の表層に映り込む虹色の模様が変化していく。空に溶け込み、虹色に変化するこの建物は、都市のシンボル性を高める。建物のサーフェイスは虹色に反射させるセラミックス製の横長のルーバーユニットによって構成されている。

これらルーバーユニットは、プログラムによって、軽やかに回転し、日射量と建物内部の温度をコントロールする。

読書スペースは、表層のルーバーの隙間を通過する木漏れ日に満ち溢れる。人々は、森の中で読書をしているような感覚を覚えるだろう。建物の中間階には水盤を張ることで、自然の恵みを建物内部に引き込む。この水盤は、見渡すことができる黒海の水面と呼応し、連続的な水平面を強調する。

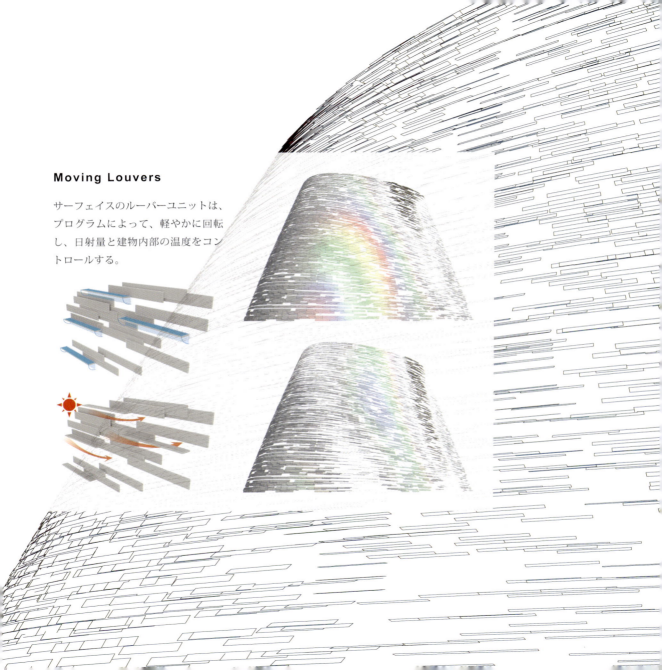

Moving Louvers

サーフェイスのルーバーユニットは、プログラムによって、軽やかに回転し、日射量と建物内部の温度をコントロールする。

サーキュレーションにはボロノイ空間が用いられている。外部のボロノイヴォイドから自然光が導かれ、多角形のガラス面によって普段とは異なる光が反射して進入し、内部空間に変化を与える。

建物の9階の床全体に水が張られている。ここからは黒海が眺められ、水盤は黒海と呼応し、連続的な水平面を強調する。

Tea House

Osaka, Japan, 2015

仮設の茶室である。そのため、世界のどこでも入手し易いマテリアル、専門的なスキルが不要な工法、明解で単純な構築システム、最小のエレメント数で成立させることを求めた。敷き詰められた那智黒の玉砂利、一辺30㎜、長さ2200㎜の角材、ステンレスワイヤー、スペーサーから構成される。グラスホッパーのプログラムによって形態生成される。
格子の壁が交差するように、ウエーブを描きながら、右巻きに二重螺旋の軌跡を描く。二重螺旋は、一つしかない出会いが永遠に続くことを意味し、一期一会の茶の精神を表象している。

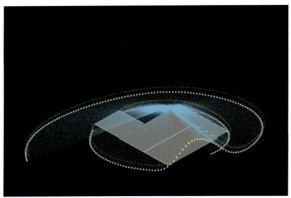

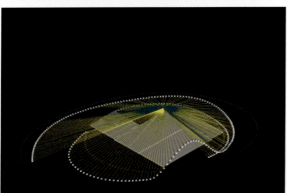

個々の角材の傾きと接地面に投影される軌跡上の位置はプログラムされ、畳の正方形の中心を基点にして算出された水平角度と垂直角度によって、大地にプロットされる。全てはグラスホッパーによって、プログラムされている。

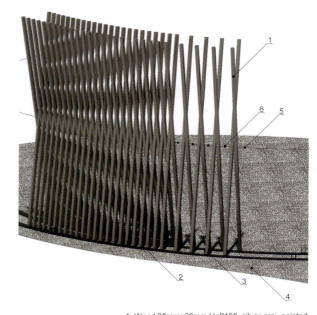

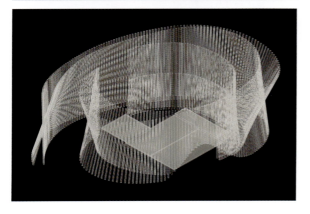

1. Wood 30mm×30mm H=2100, silver-gray painted
2. Stainless steel rail, baking finished
3. Stainless steel support member, baking finished
4. Black gravel
5. Wire Φ5mm
6. Spacer of rubber Φ25mm

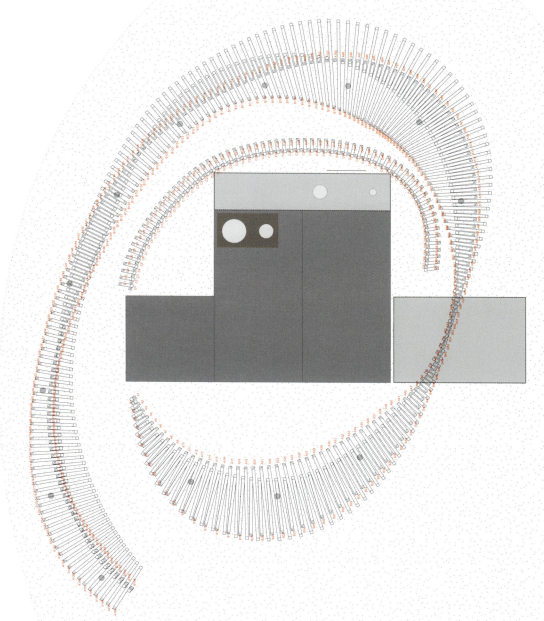

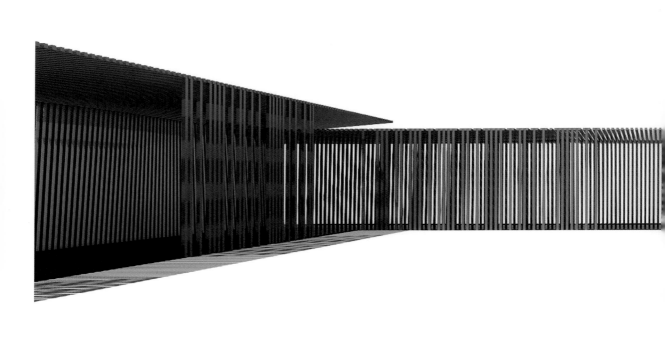

Bus terminal

Osaka, Japan, 2016

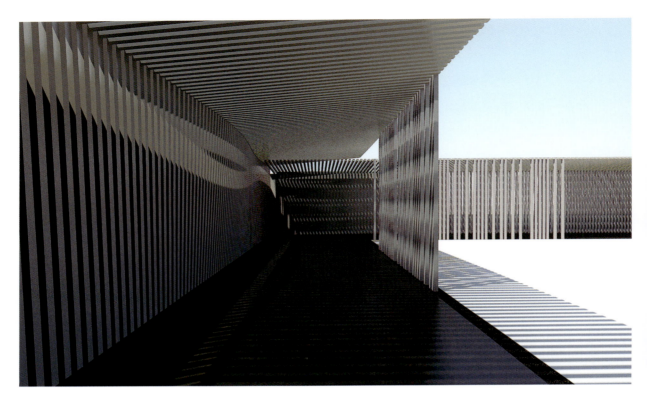

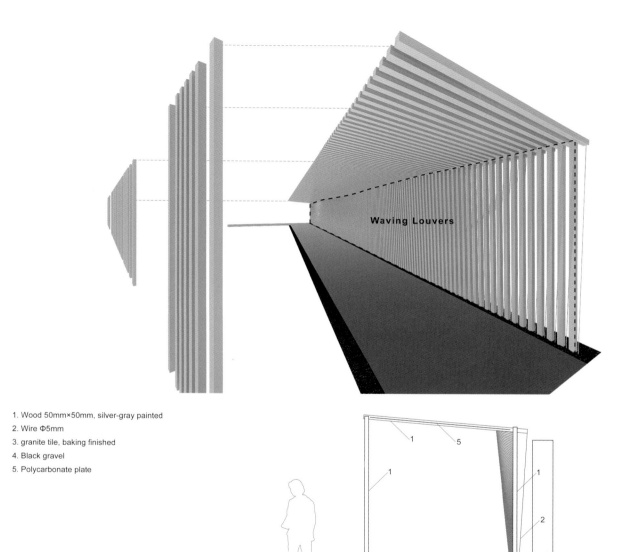

1. Wood 50mm×50mm, silver-gray painted
2. Wire Φ5mm
3. granite tile, baking finished
4. Black gravel
5. Polycarbonate plate

Robot × Body × Brain

トータリティとローカリティ

アイゼンマンやコールハースのおこなった行為は、西欧の伝統的な態度である秩序に対する反乱であったと言えよう。すなわち、いずれも、全体的・統合的秩序の崩壊を示唆したものと私は認識する。しかし、アイゼンマンは完全性の破れを発見していながら、いまだ完結なる全体原理の抽出を求めることに執着し、西欧の伝統的なロゴスの完全性を求めている立場にあると言えるだろう。彼は西欧的伝統の枠組みの中にいるのである。

ここで、トータリティによる問題とは何なのかを問わねばならない。西欧的思考体系においては、イデア・幾何学・原理に向かう意識は強く、全体性・統合性という考えから抜け出ることの困難性が見られる。ある種の原理を使うことは、何かが排除されてしまう。厳密な原理以外のものは排除されるのだ。こうした排除されるものを拾い上げ、完結な総体であろうとすることに対立する部分の存在も考慮しなければならない。そのためには、秩序原理のタクシスとして、アリストテレスが言うところの一つの秩序原理デュナミスの問題性が再検討されなければならない。プログラムはデュナミスとしての働きをおこない、現実の建築の姿として、エネルゲイヤに移行する。古典的な建築論では、そのデュナミスは数的秩序原理であるシュンメトリア、位置の秩序原理であるホリズメノンや用途の秩序原理であるコスモスと融合することを求めることが高らかに謳われてきた。西欧の建築論における調和した融合という考え方は一見して妥当なように思われるが、こうしたオーセンテシー自体を議論の俎上にあげなければならない。

過去のタイポロジーの参照は、人間のアクティヴィティのコモンセンスを汲み上げることを目的とした。しかし、アイゼンマンの指摘を待つまでもなく、それが一旦、型として同じものがくり返されるようになった時、創造性の運動は止まり、抑圧という状況を生み出してしまうことになる。現在から見て過去のことを扱うということは、観察者は世界の外にいるのであり、subjectとobjectとの混同である。この構図からは、つくり出すというポテンシャリティは持てない。あくまで観察者の理論に過ぎないのである。制作へ向かうパースペクティヴが過去にしかなく、創造のシステムにはなっていないのである。

「参照空間としてのサイバースペース」のプロジェクトは、このような問題意識から生まれたものである。このプロジェクトについては、イントロダクションで、既に詳述したが、もう一つの側面をもっていることに気づくであろう。すなわち、subject（主体）を離れた可能態デュナミスとしてのプログラムの存在である。すなわちカプセル化された参照可能なエージェントである。このプロジェクトには、コンピュータの演算処理能力向上における問題解決を図ることを超えて、subject（主体）の問題を孕んでいた。従来の参照行為はsubject（主体）と場所性とのオーセンティックで明確な分節を前提とした立場を取ってきた。しかし、ここではsubject（主体）は拡張され、subject（主体）と場所性とが応答する可能性を開く。こうしたエージェントの出現は、subject（主体）と応答可能なフィールドに外部である場所性が溶解することを意味するのである。

各部分の近傍関係から出発しようとする手法は、建築の内的関

係、すなわち内部に孕ませるプログラム自体によって建築は生成されるという意識である。アルゴリズミックなプログラムも同様であり、ボトムアップ的プログラムを基に建築形態・空間が生成される方法である。
こうした方向においては、以下の問題点が浮上する。
情報のデータ化を越えて、全てを数字へとマテリアル化していくことは、果たして全てのポテンシャリティを吸い上げていることと同値なのであろうか。
また、プログラムによって生成される形態は、その関係性のアルゴリズムによってほとんど無限に近いヴァリエーションを生み出すことができる。出てきた形態を検証することは、天文学的な数のパターンの検証となる。生物ならば、自然淘汰によって篩にかけられるわけだが、建築においては、そうしたフィードバックや篩はどのようなシステムになるのか。

プログラムによって生み出される状況においては、従来どおりの数比原理による美は否定される。それではいったい美はどこに宿るというのであろうか。それから現出してくるフォームであろうか、それとも原理としてのプログラム自体に美を求めるべきなのであろうか。美そのものが古典的な概念なのだろうか。

古典的な考えでは、質料に形相を与えればよかった。形と内部に孕む空間が一体のものとして存在していた単純な図式に対し、現代はヴォリュームに孕むべきプログラムが、社会の欲望によって過剰になってきているため、形とヴォリュームの乖離が始まってきている。人間のアクティヴィティを活性化させることが最重要目的になりつつあるのだ。ここで、機能優先主義や合理主義の肥大化として、そうした考えを排除する態度を表明することは簡単である。しかし、多義的な意味、多義的なアクティヴィティを認めることは、近代の一義的な建築を打ち破ろうとする抵抗であった。一義的な永遠性を求める伝統的な思考を、欲望による多義的なものを求める方向が引き裂いている時代に、われわれが存在していることを認識すべきなのだ。

外部と内部との連動性
時間軸に沿って、建築の内部性と外部性とが、過去と未来の間にあって対応する。こうした問題意識が私の中で生まれた。部分からの動きというボトムアップ的に変動する建築である。単なるテクトニックな問題を越えて、建築が時間とともに、あらゆるものと応答するのである。
そうしたボトムアップ的に変動させる要素は、外部と内部との環境変化であり、脳と空間との対応関係や身体と建築との対応関係である。私はこうした全てのエレメントが水平に連続する建築の形式を求めたい。全体から出発するというトータリティを希求する古典的な垂直思考ではなく、あくまでも部分からの動きの集積としてボトムアップ的に建築を目指すものである。
こうした試みも私の研究室で、継続的研究をおこなっている。アルゴリズム、脳波、動く建築と移行していった活動は、アイゼンマンのダイアグラムの思考の限界から出発したものである。

身体内部との連続性
コルビジェからアイゼンマンによって、ヴォリュームの定義

は拡張された。ヴォリュームの概念は、スペースの概念に包摂され、もはやエネルギーの充満する力のベクトルをもった集合となった。ヴォリュームとスペースにおける視覚的な差異を消失させたのである。

次にくるのは、そうしたエネルギーが人間を包み、人間身体内部と連続し、呼応することである。

すなわち人間の身体と建築の内部性との連続である。

この問題については、コロンビア大学とのワークショップを通じて、継続的に研究されてきた。脳波測定を通じて、建築や環境と呼応する身体の反応を計測することを、フィードバックすることのアイデアによる実験が既におこなわれている。ワークショップ以後、私の研究室では様々な取り組みがなされている。こうした研究成果は私の仕事に投影されている。読者は、そうした図像に多くのアイデアを垣間見ることができるであろう。これらは、新たな建築の未来を予見させるものである。

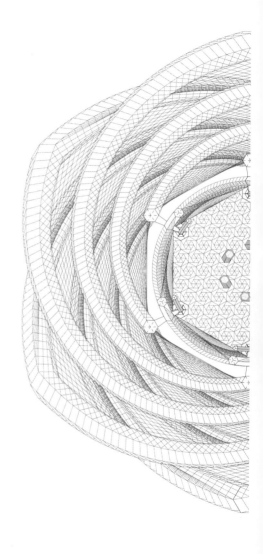

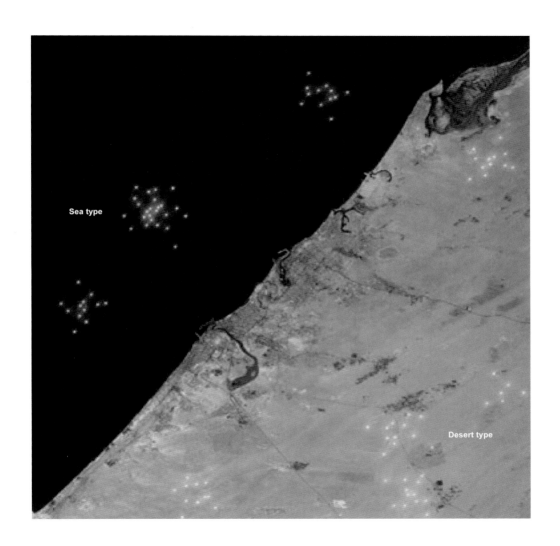

生体的リカバリーメディアは垂直に伸縮し、水平に拡張する。
環境を修復させていくコロニーの提案である。
現代の文明が肥大化していった先の行き詰まりを打開するための新たな都市の存在様式である。地球の環境破壊をプロテクトするネットワーク化された培養組織である。未来に求められる都市とは、欲望のまま無目的にエネルギーを大量に消費し、膨張していく都市ではなく、環境を修復していくための生体的リカバリーメディアとしての都市である。私は、未来における都市的スペースは、生体的リカバリーメディアにパラサイトし、構築されるべきものと考える。

プログラム
全体は等方性セルロースナノファイバーと異方性カーボンファイバーからなる垂直な塔である sky/earth-scraper、ブラーファイバーテッシュ、フレキシブル・サーキュレーション・チューブにより構成される。
垂直な塔とブラーファイバーテッシュにはあらゆるものの輸送をまかなうフレキシブル・サーキュレーション・チューブが張り巡らされている。それらのチューブ、ファイバー、ストラクチャーの絡み合うエリアに居住スペースが配される。

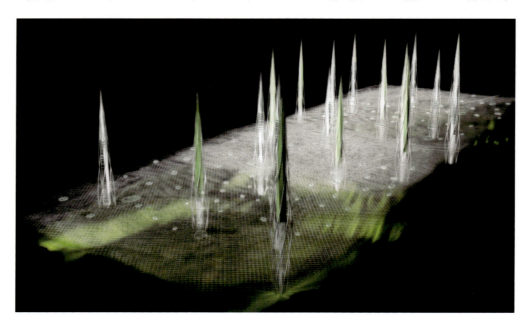

砂漠では、水平に広がるブラーファイバーテッシュが優しく地表を覆うスキンとなる。それによって、それは土壌を破壊する強力な紫外線を遮断するとともに、過剰な雨の侵入を調節し土壌を保護する。地表は地力を取り戻し、徐々に緑化され、環境を修復していく。
垂直な塔は、最初は食料生産のために存在するが、地表が緑化されれば、居住スペースへと転換されていく。

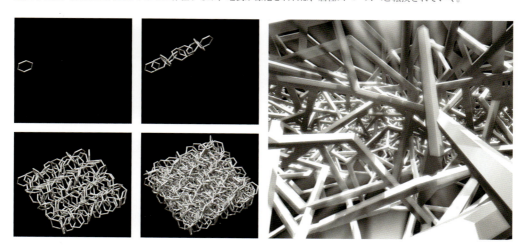

ブラーファイバーテッシュ
等方性セルロースナノファイバーによるファイバーセグメントが数学的な法則性のもとで、重なり合い、ブラーファイバーテッシュを形成する。そこには多くの間隙を生み出し、光の調節をおこない、砂嵐の直接的侵入を防ぐなど、生体のスキンのように緩やかな内部環境をつくり出す。居住スペースはこのブラーファイバーテッシュに絡めて配置される。

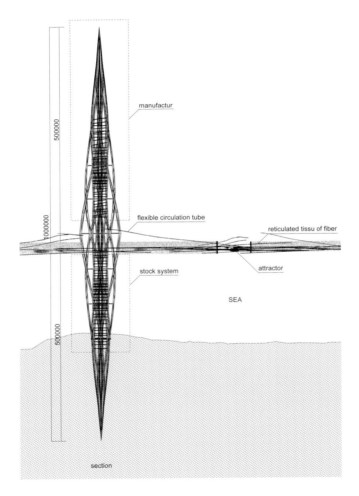

海中では、ブラーファイバーテッシュでプランクトンを繁殖させ、魚を養殖する。
垂直な塔では、植物を生育させるための太陽に追随するスラブが重層し、食物を生成し、飲料水のための深層水の採取や食糧を貯蔵する。

フレキシブル・サーキュレーション・チューブ
コロニー全体を水平・垂直に走る輸送管である。深層水や食物を育てる水、収穫された食物、熱交換システムの熱水・冷水、そして人の移動のための真空輸送機の経路として、様々なスケールに対応し、力学的な強度と柔軟性を具え、化学的に安定したマテリアルによって構成されている。

sky/earth-scraper

環境を改善する装置として、また太陽電池、風、地熱を利用した発電や、海水、地下水による水資源の確保など必要な機能に応じた垂直な塔が林立する。

ブラーファイバーテッシュと連動して地上や海中の温度上昇を防ぐために、熱交換システムにより冷却する。そこで発生する熱はゼーベック効果により熱を電気に変換し、電気エネルギーを得るために用いられる。

全てが6角形を規準として考えられている。スラブは、6角形チューブに沿って回転しながら、上下運動や角度調節をすることが可能である。

スラブも折りたたみ式6角形ハニカムシステムによって構成されている。これによりスラブは格納されることが可能である。また、床面積の増減調節と階高の高低調整というフレキシビリティを確保することが可能となる。

6本の6角形チューブ構造体がスパイラル状に回転しながら、最頂部で収束する。建物内部に深層水が貯められることによって、風による振動周期を減衰させる。

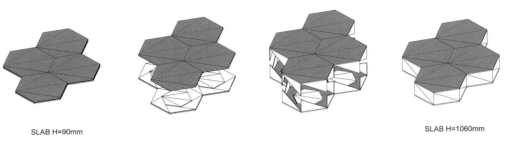

SLAB H=90mm   SLAB H=1060mm

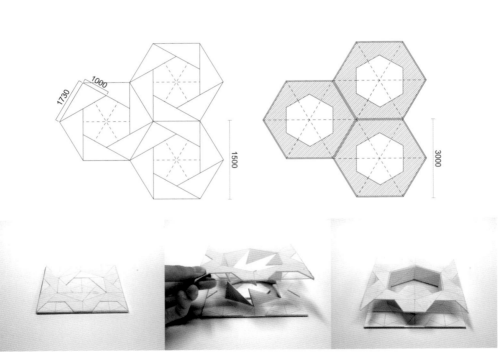

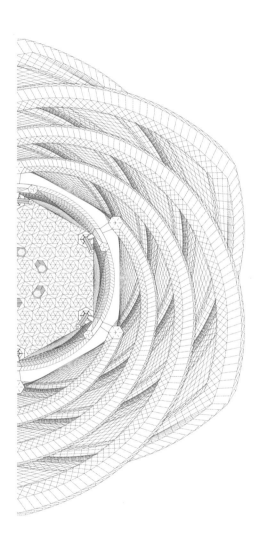

Green Cell

New Taipei City, Taiwan, 2011

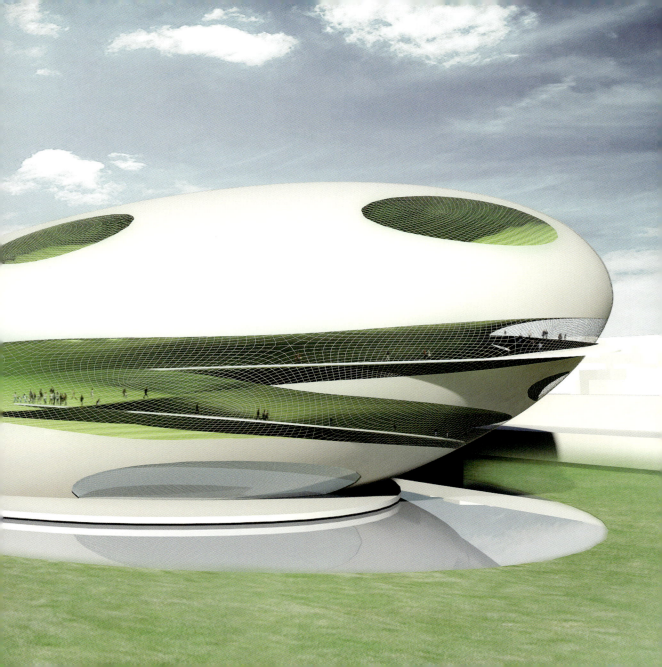

Simulation

Parametric Moving Louvers

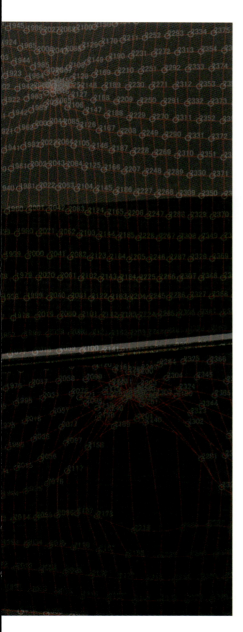

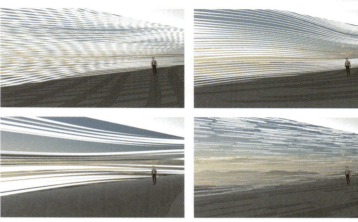

Facade Study

　この「Green Cell」は、生態学的な建築として存在する。二重螺旋のランプのトンネルが、ヴォリュームの周囲を割り貫いたかたちで配され、建物に周囲の風景、風、光を導く。このトンネルには植栽が施され、建物の重要なインターフェイスとして機能し、遠い山々と呼応する。螺旋状のランプを移動することによって、景色は訪問客にゆっくりと現れ、周囲のダイナミックな景色の変化を感じさせる。ランプは最上階レストランとパノラマ・ビューのテラスに通じている。
　二重螺旋のランプのトンネルは、植栽にミストが噴霧されるシステムとなっている。そのため、夏場、通り抜ける風によって、気化熱によって冷却され、快適な環境が生み出される。
　風、日光、風景の視線方向のような環境因子は、点分布図として図化される。それをベースにして、風向、風速、太陽高度の変化によって、このトンネルのサーフェイスは調節される。このサーフェイスはスマートなパーティクルから成り立っている。こうした張り巡らされたパーティクルは、知的なパーティクルのセットである。時々刻々と変わる環境の変化によって、部分がボトムアップ的に調節され、パーティクルの密度が変化し、風と日光は制御されていく。

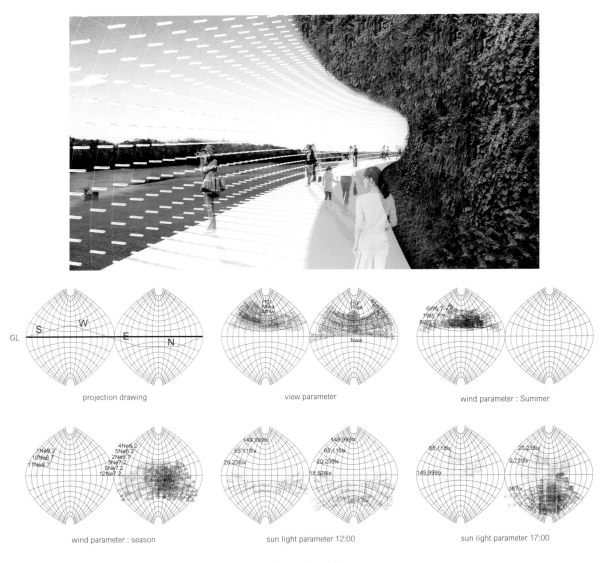

Smart Particles

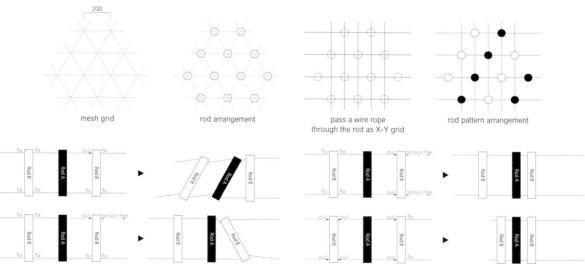

Rod System

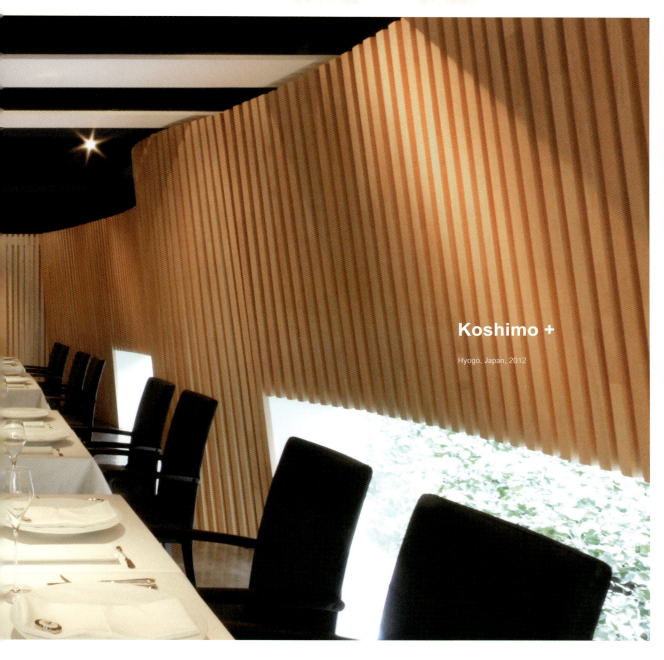

Koshimo +

Hyogo, Japan, 2012

芦屋に建つフレンチレストランである。限られた予算のため、ローコストが求められた。その結果、高価な材料を使わずに、安価で簡単に入手できる角材だけで構成している。一辺３５ｍｍの角材を波打つように並べ、流動的な壁を構成した。このアイデアは、以前進めていたボストンやニューヨークで頓挫したレストラン計画からの援用である。波形をプログラム化し、機能や内部空間のヴォリュームと適合するようにシミュレートして壁の形状を決定した。一部、センサーで動く壁を挿入した。波の壁が、本当に動けば面白いのではないかと考えたからだ。ロボット会社をこのプロジェクトに引き込み、本当につくってしまった。楽しい仕事であった。

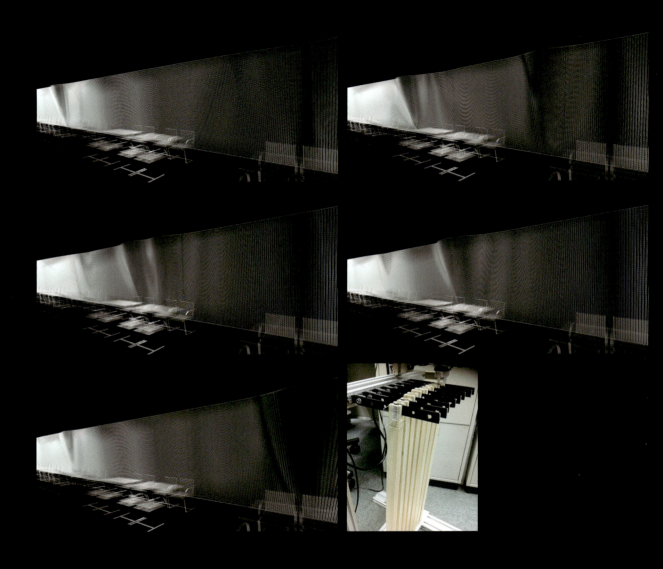

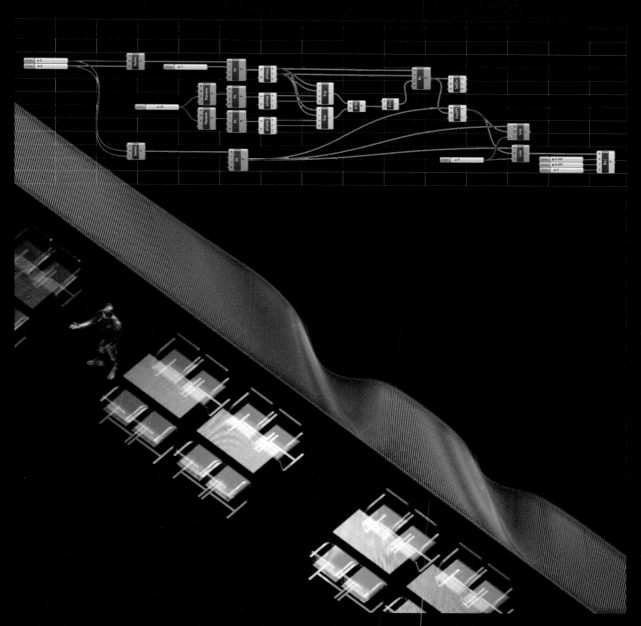

Profile

山口　隆　やまぐち　たかし
建築家、山口隆建築研究所主宰。

1953　京都市生まれ。 京都大学工学部建築学科卒業後、安藤忠雄建築研究所を経て独立。
1988　ピーター・アイゼンマンのパートナーやコロンビア大学の理論家たちとともに研究グループARXを結成し、「主体の解体」を目指して、ネットワーク上でテレコミュニケーションによる設計活動を始める。
　　　パリ・ラ・ヴィレット建築大学、ミラノ工科大学、清華大学、同済大学、プリンストン大学、MIT、コロンビア大学、ハーバード大学などでレクチャーおよび設計デザイン教育をおこなう。

　　　ハーバード大学客員研究員、コロンビア大学客員教授を経て、現在、大阪産業大学デザイン工学部教授
　　　　　大阪産業大学大学院工学研究科教授
　　　　　日本建築学会正会員
　　　　　日本建築家協会正会員 JIA登録建築家
　　　　　日本建築設計学会会員
　　　　　ルーマニア科学アカデミー名誉会員
　　　　　コロンビア大学ＧＡＡＰＰ客員研究員
　　　　　一般社団法人　日本水墨画美術協会　理事
　　　　　一般社団法人　日本生活文化推進協議会　理事

Award

1992　ベルリン・シュプレーボーゲン都市開発国際コンペにてARXとして入賞 / ドイツ
1999　第18回SDレビュー、朝倉賞受賞 / 日本
2001　ベネディクタス賞受賞 [アメリカ建築家協会主催、国際建築家連盟協賛]
2004　リキッド・ストーン：アーキテクチャー・イン・コンクリート展入選 [全米建築博物館主催] / アメリカ
2005　AD 5 ans Exposition 入選 [フランスVOGUE主催] / フランス
2005　グッドデザイン賞 / 日本
2005　日本建築家協会優秀建築選 / 日本
2005　日本建築大賞ファイナリスト / 日本
2005　パドヴァ国際建築ビエンナーレ バルバラ・カポキン賞 [国際建築家連盟公認] / イタリア
2006　ザルツブルグ国際招待指名コンペ STERNBRAUEREI 入選 / オーストリア
2007　ワールドメディアフェスティバル Public Relation（広報）部門銀賞受賞 / ドイツ
2008　グッドデザイン賞 / 日本
2009　グッドデザイン賞 / 日本
2011　デダロ・ミノス国際建築賞入選 / イタリア
2011　京都デザイン賞入選 / 日本
2012　日本建築家協会優秀建築選 / 日本

Exhibition

1992	ドイツ　ベルリン・シュプレーボーゲン都市開発国際コンペ入選展、議会議事堂 / ベルリン、ドイツ
	ドイツ　ベルリン・シュプレーボーゲン都市開発国際コンペ入選展、ボン国際会議場 / ベルリン、ドイツ
	ドイツ　ベルリン・シュプレーボーゲン都市開発国際コンペ入選展、ニューヨークアーキリーグ / NY、アメリカ
1995	"digit" SPIRAL -Interactivity and Digital Art-、スパイラルホール / 東京、日本
1998	山口隆建築展 / 京都、日本
1999	第 18 回　SD レビュー展 / 東京 - 大阪、日本
1999	Go'99 - デジタル・ガーデン + 枯山水 - / 京都、日本
2000	Here and There　アイントホーフェン工科大学 / アイントホーフェン、オランダ
2001	山口隆建築展 ヘルシンキ芸術大学 / ヘルシンキ、フィンランド
2002	山口隆展、CAS : Contemporary Art and Spirits Interactive Cyber Project / 大阪、日本
2004	リキッド・ストーン：ニュー・アーキテクチャー・イン・コンクリート、全米建築博物館 / ワシントン、アメリカ
2004	北京国際建築ビエンナーレ / 北京、中国
2004	デザイナーズウィーク / 東京 - 大阪 - 京都、日本
2005	AD 5 ans Exposition、フランス国立図書館 / パリ、フランス
2005	グッド・デザイン・プレゼンテーション / 東京、日本
2005	バルバラ・カポキン国際建築ビエンナーレ / パドヴァ、イタリア
2006	ザルツブルグ "Reinberg" 国際コンペ入賞展 / ザルツブルグ、オーストリア
2007	パラレル・ニッポン - 現代日本建築展 -　1996-2006 、東京都写真美術館 / 東京、日本
2007	イオン・ミンク都市工学建築大学 / ブカレスト、ルーマニア
2008	グッド・デザイン・プレゼンテーション / 東京、日本
2009	山口隆建築作品展 / 大阪、日本
2009	グッド・デザイン・プレゼンテーション / 東京、日本
2009	arquitectura japonesa desde miradas argentinas / ブエノスアイレス、アルゼンチン
2010	Contemplating the Void : Interventions in the Guggenheim Museum Rotunda、グッゲンハイム美術館 / NY、アメリカ
2010	バルバラ・カポキン国際建築ビエンナーレ　日本巡回展イタリア文化会館 / 東京、日本
2012	GA Houses Projects 2012 / 東京、日本
2012	Vertical Urban Factory: East Asia Exhibition、ニューヨーク大学 / NY、アメリカ
2012	GOD[S] A User's Guide 、プチパレス / パリ、フランス
2013	アルゴリズミック建築展 / 大阪、日本
2014	TYa+TYMDL 映像作品展 / 大阪、日本
2015	山口隆建築展、上海環球金融中心 / 上海、中国
2016	長江デルタ地域無形文化博覧会 / 上海、中国

Publication

1993 Architecture New York : ANY / US
      Capital Berlin Parliament District at the Spreebogen / Germany
1995 SD 06 / Japan
      SD 10 / Japan
1997 SD 04 / Japan
1998 STRATA / Japan
      GA JAPAN 33 / Japan
      SD 11 / Japan
      kenchikubunka 06 / Japan
      Shinkenchiku 06 / Japan
1999 SD 08 / Japan
      SD 12 / Japan
      l'architecture d'aujourd'hu : AA / France
      Lotus International / Italy
      Aspa / Netherlands
      Oz Journal / US
      DETAIL / Germany
2000 METROPOLIS / US
      SD 01 / Japan
      GAJAPAN 47 / Japan
      Shinkenchiku 11 / Japan
2001 DETAILS IN ARCHITECTUURE / Netherlands
      here there - above under / Netherlands
      Deutsche BauZeitschrift / Germany
      Lotus International / Italy
      ARCHITECTURAL RECORD / US
      l'ARCA / Italy
      kenchikubunka 02 / Japan
2002 Techniques architecture / France
      Oz Journal / US
      CASABELLA / Italy
      l'architecture d'aujourd'hui / France
      1000 Architects / Australia
      Minimal Architecture / Spain
      DETAIL / Germany
      wallpaper / UK
2003 Architecture Viva / Spain
      Architectural Digest / France
      Religious : Spiritual Buildings / UK
      Social Spaces / Australia
2004 GAJAPAN 68 / Japan
      Shinkenchiku 05 / Japan
      First Architectural Biennial, Beijing / China
      DETAIL / Germany
      VOGUE / France
      New Sacred Architecture / UK, Spain
2005 Meditative Spaces / UK, US, Japan
      DETAIL / Germany
      Kosmos / US
      Architecture+ / UAE
      COLORFULNESS / China
      Office Space / Spain
      ECHO / Ukraina
      l'ARCA / Italy
      ELLE Decor / Russia
      Architexture / Romania

	Architects' Journal / UK
	ELLE JAPON / Japan
2006	Architexture / Romania
	Specifier Magazine / Australia
	ABITARE / Italy
	The Best Interior Magazine / Moscow
	CASABELLA / Italy
2007	JA -Japan Architects- / Japan
	CASABELLA / Italy
	+arquitectura / Portugal
	New Oriental Style / Japan
	Arhitectura / Romania
	Türme & Kristalle: Wettbewerb ehemalige Sternbrauerei Salzburg / Austria
2008	GAJAPAN 91 / Japan
	Shinkenchiku 03 / Japan
	Work. Best of Interior Design / Germany
	21st Century Architecture / UK
	Igloo / Finland
	Block Magazine / Canada
	Loft - Wrought Iron / Spain
	1000 landscape / Germanys
2009	GAJAPAN 98 / Japan
	Shinkenchiku 05 / Japan
	architecture & interiors DETAIL / Korea
	Architecture & Detail / China
	DOMES Architecture Review / Greece
	Katei Gaho International Edition
	FRAME / Netherlands
	The Dictionary of Visual Language / HK
	21st Century World Architecture / China
	Hinge / HK
	Closer to God / Germany
2010	21st Century Houses / Australia
	Hinge / HK
	GA HOUSES 119 / Japan
2011	GA HOUSES 122 / Japan
	MARU / Korea
	Urbanism and Architecture / China
2012	GA HOUSES 125 / Japan
	Shinkenchiku 07 / Japan
	cenTras / Lithuania
	2012COMFORTABLE HOUSES / China
2014	Encyclopedia of Detail in Facade / China
	DETAIL / Germany
	Network Practices : Japanese translation / Japan
2016	Diagram-Side Out / Japan

**Lecture
Workshop
Symposium
Exhibition**

**Massachusetts
Institute
of Technology
/ Massachusetts,
US 2001**

**International
Architectural
Biennale
/ Beijing, China
2004**

**Liquid Stone:
New Architecture
in Concrete
/ Washington, D.C,
US 2004**

International Biennal Barbara Cappochin Exhibition / Padova, Italy 2005

Pontificia Universidad Catolica / Lima, Peru 2005

Francesco Dal Co

DATE : 30, Jan. 07
OPENING : 6:00pm (-8:30pm)
LOCATION : 3F Seminor Hall, Osaka Central Public Hall
PANELIST : Kunio Kato, Shin Takamatsu, Takashi Yamaguchi

Kenneth Frampton

DATE : 13, Jun. 08
OPENING : 5:00pm (-7:30pm)
LOCATION : 1F Main Hall, Main Bldg. Osaka Sangyo University
PANELIST : Kengo Kuma, Takashi Yamaguchi

**ION MINCU
University
of Architecture
and Urbanism
/ Bukarest,
Romania 2007**

Knowledge City

DATE : 15-16, Jul. 09
OPENING : 11:00pm
LOCATION : Osaka Sangyo University
Participating schools:Columbia University, Osaka Sangyo University
PANELIST : Mark Wigley, Preston Scott Cohen, Xu Weiguo, Beatriz Colomina, Fred Levrat, Takashi Yamaguchi

Linear City

DATE : 11, Oct. 10
OPENING : 6:30pm (-8:00pm)
LOCATION : Princeton University
Participating schools: Princeton University,
University of Pennsylvania, AA school,
Tsinghua University, University of Tokyo,
Osaka Sangyo University

Beyond Algolithmic Design

DATE : 08, Mar . 11
OPENING : 17:30pm (-20:00pm)
LOCATION :Osaka Central Public Hall Floor of 3,
small assembly hall
PANELIST : Mark Collins, Toru Hasegawa,
Seiichi Saito, Daito Manabe

Peter Eisenman

DATE : 16, March. 12
OPENING : 5:00pm (-8:20pm)
LOCATION : Main Hall, Osaka Central Public Hall
PANELIST : Sanford Kwinter, Cynthia Davidson, Hirohumi Tamai, Takashi Yamaguchi

Vertical Urban Factory: East Asia Exhibition / New York, US 2012

GOD[S] A User's Guide / Paris, France 2012

Algorithmic Architecture Exhibition / Osaka, Japan 2013

**TYMDL
× Tom Verebes
Studio
/ Osaka, Japan
2014**

**TY&A + TYMDL
Movie Exhibition
/ Osaka, Japan
2014**

MONOZUKURI

DATE : 7.8.9, Mar. 15
LOCATION : Osaka Sangyo University,
Knowledge Capital Grand Front Osaka,
Koyasan University, University of Tokyo
PANELIST : Amale Andraos, Kunio Kudo,
George Kunihiro, Kengo Kuma, Takashi Yamaguchi

Takashi Yamaguchi
Architecture Exhibition

DATE : 1, Dec - 20, Dec. 15
OPENING : 10:00am (-17:00pm)
LOCATION : Shanghai World Financial Center

Technology × Future

DATE : 12, Mar. 16
LOCATION : Osaka Sangyo University,
Grand Front Osaka Knowledge Capital
PANELIST : David Benjamin, Kunio Kudo,
Takashi Yamaguchi, Shirasu tadashi

Takashi Yamaguchi & Associates
[http://www.ty-associates.com]

Associates [Past and Present]
加藤 正浩 / 村田 純 / 疋田 訓之 / 畑 秀幸 / 中前 佑介

Takashi Yamaguchi Media Design Lab
[http://www.edd.osaka-sandai.ac.jp/tydrl]

Members
太田 琢也 / 加埜 隆太 / 松本 洋人 / 木野島 佑亮 / 西村 賢 /
町田 康 / 山本 大二朗 / 宮崎 崇 /Hai Kaigen / 猪飼 勇貴 /
植月 美幸 / 大月 仁志 / 馬上 紘一 / 濱中 順也 / 畑 秀幸 /
Sauli Kosonen / Olli Raila / 松塚 庸平 / 森下 悠也 / 井川 雄介 /
梅田 将志 / 梅野 穣 / 澤 和樹 / 三上 咲良 / 山本 暁子 / 義基 匡矢 /
Sanna Ruotsalainen / Madhu Basnet / 若山 貴司 / 出口 佳祐 /
結城 賢作 / 上田 将勝 / 上村 昌史 / 岡 貴士 / 林 秀幸 / 池村 礼乃 /
芝野 優志 / 中前 佑介 / 橋本 雄摩 / 古井 健司 / 松原 優磨 /
松本 研二 / Sanni Sipilä / 今井 逸平 / 中谷 優太 / 西村 弥剛 /
百田 聖一 / Okko Saurama / Johannes Koskela / 北出 隆哉 /
谷口 由祈子 / 谷口 遼太 / 安井 慎吾 / Lu Zhe / 岡江 良樹 /
阪口 真基 / 西川 菜都美 / 西谷 直斗 / 菱田 祐真 / 平川 賢治

DIAGRAM-SIDE OUT

2016 年 4 月 22 日　初版発行

著者：山口隆
発行人：岸隆司
発行元：株式会社 総合資格
東京都新宿区西新宿 1-26-2 新宿野村ビル 22 F
TEL 03-3340-6714（出版局）
http://www.shikaku.co.jp/

企画・編集：Takashi Yamaguchi & Associates
編集協力：総合資格学院　なんば校（井藤純一）
株式会社 総合資格　出版局（新垣宜樹、梶田悠月）
装丁・造本：Takashi Yamaguchi & Associates（中前佑介）
印刷・製本：セザックス 株式会社

落丁本・乱丁本はお取替えいたします。
本書の無断転写、転載は著作権法上での例外を除き、禁じられています。

Printed in Japan
ISBN 978-4-86417-186-1
© Takashi Yamaguchi & Associates

Credit

p39　A murmuration of starlings © Adam 2010
p60　Photo by Shinkenchiku-sha

インフォメーション / information

総合資格学院

平成27年度 1級建築士学科試験 全国合格者占有率

全国合格者 4,806名中 当学院現役受講生 2,582名

53.7%

平成27年度 2級建築士設計製図試験 全国ストレート合格者占有率

全国合格者 3,322名中 当学院現役受講生 1,335名

40.2%

※当学院のNo.1に関する表示は、公正取引委員会「No.1表示に関する実態調査報告書」に基づき掲載しております。
※全国合格者数は、(公財)建築技術教育普及センター発表に基づきます。
※総合資格学院の合格実績には、模擬試験のみの受験生、教材購入者、無料の役務提供者、過去受講生は一切含まれておりません。

平成27年度 1級建築士設計製図試験 1級建築士卒業学校別実績 (卒業生合格者20名以上の全学校一覧/現役受講生のみ)

下記学校卒業生合格者の **62.9%** が総合資格学院の現役受講生でした。 合格者合計 2,161名中 当学院現役受講生 1,359名

順位	学校名	合格者数	当学院合格者	当学院利用率	順位	学校名	合格者数	当学院合格者	当学院利用率	順位	学校名	合格者数	当学院合格者	当学院利用率
1	日本大学	225	147	65.3%	17	東京都市大学	40	29	72.5%	34	名古屋大学	29	21	72.4%
2	東京理科大学	132	90	68.2%	17	名城大学	40	22	55.0%	36	鹿児島大学	27	16	59.3%
3	早稲田大学	99	60	60.6%	17	広島大学	40	29	72.5%	36	千葉工業大学	27	17	63.0%
4	芝浦工業大学	78	53	67.9%	21	名古屋工業大学	39	28	71.8%	38	大阪市立大学	26	18	69.2%
5	近畿大学	73	35	47.9%	22	東京大学	36	20	55.6%	38	信州大学	26	16	61.5%
6	工学院大学	66	34	51.5%	23	千葉大学	35	23	65.7%	40	大分大学	25	14	56.0%
7	明治大学	54	37	68.5%	23	広島工業大学	35	23	65.7%	40	首都大学東京	25	17	68.0%
8	神戸大学	51	34	66.7%	25	東海大学	34	20	58.8%	40	新潟大学	25	14	56.0%
9	京都大学	47	21	44.7%	26	東洋大学	33	21	63.6%	43	東北大学	24	13	54.2%
10	京都工芸繊維大学	46	26	56.5%	26	三重大学	33	26	78.8%	43	室蘭工業大学	24	13	54.2%
11	金沢工業大学	45	20	44.4%	28	熊本大学	32	20	62.5%	45	大阪工業技術専門学校	23	10	43.5%
11	関西大学	45	25	55.6%	28	横浜国立大学	32	20	62.5%	46	前橋工科大学	22	17	77.3%
11	法政大学	45	32	71.1%	30	福岡大学	31	20	64.5%	47	日本工業大学	21	11	52.4%
14	大阪工業大学	44	29	65.9%	30	北海道大学	31	20	64.5%	47	立命館大学	21	21	100.0%
15	神奈川大学	43	32	74.4%	32	大阪大学	30	16	53.3%	49	関東学院大学	20	15	75.0%
15	九州大学	43	29	67.4%	32	東京工業大学	30	17	56.7%	49	京都造形芸術大学	20	10	50.0%
17	東京電機大学	40	30	75.0%	34	中央工学校	29	20	69.0%	49	慶應義塾大学	20	15	75.0%

※卒業学校別合格者数は、(公財)建築技術教育普及センターの発表によるものです。※総合資格学院の合格者数には、「2級建築士」等を受験資格として申し込まれた方も含まれている可能性があります。
※総合資格学院の合格実績には、模擬試験のみの受験生、教材購入者、無料の役務提供者、過去受講生は一切含まれておりません。(平成27年12月17日現在)

平成27年度 1級建築士試験 全国最終合格者占有率

全国最終合格者合計 3,774名

総合資格学院合格者占有率 **57%**
N学院修了生合格者占有率 30%
その他合格者占有率 13%

総合資格学院 圧倒的な差をつけ、平成27年度も合格実績
合格者占有率 **No.1 57%**
全国最終合格者3,774名中 総合資格学院合格者2,149名

▶平成27年度 1級建築士試験 全国最終合格者内訳
- 総合資格学院合格者※1　2,149名　占有率57%
- N学院修了生合格者※2　1,145名　占有率30%
- その他合格者　　　　　　480名　占有率13%

※表記の合格者占有率は、小数点第一位を四捨五入しています。
※1 総合資格学院の合格実績には、模擬試験のみの受験者、教材購入者、無料の役務提供者、過去受講生は一切含まれておりません。上記、占有率および合格者数はすべて平成27年12月17日に判明したものです。今後新たに合格者が判明次第、数値は変更していきます。当学院のNo.1に関する表示は、公正取引委員会「No.1表示に関する実態調査報告書」に基づき掲載しております。
※2 平成27年12月17日時点、HP公表データに基づく (http://www.ksknet.co.jp/nikken/index.aspx)

全国 学科・製図ストレート合格者占有率
全国ストレート合格者 1,594名中
当学院現役受講生 965名
60.5%

他講習利用者＋独学者 ／ 当学院現役受講生

※当学院のNo.1に関する表示は、公正取引委員会「No.1表示に関する実態調査報告書」に基づき掲載しております。※全国合格者数は、(公財)建築技術教育普及センター発表に基づきます。
※学科・製図ストレート合格者とは、平成27年度1級建築士学科試験に合格し、平成27年度1級建築士設計製図試験にストレートで合格した方です。※当学院合格者数および占有率はすべて平成27年12月17日現在のものです。
※当学院の合格実績には、模擬試験のみの受験者、教材購入者、無料の役務提供者、過去受講生は一切含まれておりません。

 総合資格学院　http://www.shikaku.co.jp　総合資格 [検索]
Facebook 「総合資格 fb」で検索！